与你一起追梦

耿书敏 著

东南大学出版社
SOUTHEAST UNIVERSITY PRESS
·南京·

图书在版编目(CIP)数据

与你一起追梦 / 耿书敏著. —南京:东南大学出版社,
2019.12
ISBN 978-7-5641-8572-5

Ⅰ.①与… Ⅱ.①耿… Ⅲ.①高等学校—思想政治教
育—中国—文集 Ⅳ.①G641-53

中国版本图书馆 CIP 数据核字(2019)第 228863 号

与你一起追梦

著　　者:耿书敏
出版发行:东南大学出版社
社　　址:南京市四牌楼 2 号　　邮编:210096
出 版 人:江建中
网　　址:http://www.seupress.com
电子邮箱:press@seupress.com
经　　销:全国各地新华书店
印　　刷:江苏凤凰数码印务有限公司
开　　本:700 mm×1000 mm　1/16
印　　张:13
字　　数:198 千字
版　　次:2019 年 12 月第 1 版
印　　次:2019 年 12 月第 1 次印刷
书　　号:ISBN 978-7-5641-8572-5
定　　价:59.00 元

本社图书若有印装质量问题,请直接与营销部联系。电话(传真):025-83791830

前　言

近几年,随着多媒体的快速发展,校园网络文化在学生中盛行。最新的网络语言、网络明星、网络视频等都在学生中广泛传播并潜移默化地影响着他们的价值观和思维方式,网络平台在教育学生、传播先进文化和加强精神文明建设等方面具有独特优势。在这样的新形势下,积极思考、积极转变思路,努力探索高校校园文化建设新途径,不断提高学生的思想教育水平,对大学生身心发展和营造优良和谐的校园网络文化环境尤为重要。

本书通过撰写网络文章向学生传递正确的思想观念、政治观念和道德规范,引导学生践行社会主义核心价值观,让更多有思想、有温度、有品质的好网文成为学生健康成长、成才的精神养料。作为淮阴师范学院一名团干部,我将在工作和生活中收获的很多心得和感悟撰写成简洁、精炼的短文,在"淮阴师范学院体育学院"微信公众号《晓耿夜谈》栏目中发表,以积极引导、教育学生塑造正确的价值观,帮助同学们在大学里找到人生方向,奋力拼搏,努力培养自己各方面的能力与素养。

本书共64篇文章,写作共历时两年半时间,涵盖了学生思想、文化、学习、生活、交往等各个方面。我将本书内容主要分成三大部分:

一、上篇:缘梦

网络空间是社会主义核心价值观宣传的重要阵地,本篇注重加强舆论引导,营造网络空间积极向上的主流舆论氛围。主要分为三个方面:首先,探讨马克思主义中国化最新理论成果。比如,结合十九大精神,推出《中国梦,青年梦》《少年强则国强》《马克思靠谱》《读〈习近平的七年知青岁月〉有感》《入党寄语》等文章,并联系学生自己的生活体验,将个人思想与行为上升到国家层面、历史层面,让学生清楚地知道自己的历史使命,不断提高学生的政治觉悟。其次,弘扬"周恩来精神"。在淮师,"周恩来精神"不断引导一届又一届学生以周恩来为榜样,把"周恩来精神"看作一生的追求。本书将呈现淮师从领导、教师到学生的学习感悟,表达对总理人格的崇敬之情。最后,发展五四精神。2019年是五四运动100周年,本书将五四精神与青年使命相结合,推出《青年使命》《五四精神与中国青年》《我们,青春正当时》等文章,引导学生明确历史任务,激励青年将"崇德、励志、博学、笃行"作为奋斗的力量源泉,并勇于承担新时代的使命。

二、中篇:追梦

这一部分主要是激励学生去奋斗,针对新生,帮助新生尽快适应大学教育、转变思想,积极投入到新的学习阶段,以自身感受为出发点,推出《你好,新生》《我在淮师上大学》《跟着季羡林先生品大学》《这样的体院,真好!》等文章。在大学生活中,尤其在网络文化快速发展的当下,多元化与传统的价值观相碰撞,导致越来越多的学生变得迷茫、无所适从;各种价值观相互交织,而网络社会又不同于现实社会,其虚拟性、开放性让学生们不知不觉沉溺其中,很容易做出一些不合理、不合适的事情。如何让学生学会正确辨别和筛选网络文化信息,对网络文化信息做出批判性的思考,构建正确的价值观成为思想教育尤为重要的部分,如"佛系"二字成为学生的口头禅,"佛系"学习、"佛系"减肥、"佛系"看待人生等,看似心静如水,其实是消极看待世界的表现,青春应是奋斗的青春,"佛系"成为学生不学习、不努力的借口,因此推出《自律浇灌下的你是什么样子》《遇见自律的你》《浸透奋斗泪泉的芽儿》《你是佛系青年吗?》《老师,我选我》等文章,激发学生努力奋斗,同时让学生学会认清自己。此外,还将大学里的爱情融入学生思想教育中,引导学生认真对待爱情,将爱情与奋斗密切联系在一起。

三、下篇:圆梦

在积极引导学生参与网络文化对话的过程中,力争把网络建成学生自己教育自己的平台,使社会主义核心价值观有效融入学生网络文化实践中。本书中邀请了很多学生,不仅有学习优秀的学生,还有很多正在努力改进的学生,如曾经无所事事、没有目标的金学寒,曾经想放弃学习的凌山等,努力从他们身上找到闪光点,这不仅鼓舞了他们积极改造的信心,更告诉其他同学,无论你现在如何,你都拥有别人没有的闪光点。此外还邀请了勤勤恳恳的学生干部,他们承担着更多的责任和压力,但仍然积极乐观,时时刻刻都在用自己的言行传播正能量。毕业季,我还邀请了毕业生来谈谈自己的大学生活,用学生自己的故事推开每一个正在成长的心灵的大门。实践证明,以学生自己教育自己的方式更接地气,更接近学生日常的学习、生活,更能在学生中产生共鸣。

此外,还有附篇,分别为2018年和2019年我校开展主题教育月的感受和思考,最后一篇是我在学生工作实践中对大学生社会主义核心价值观培育方面的简单思考和总结。

目　录

上篇　缘梦

中国梦,青年梦 / 3

少年强则国强 / 6

马克思靠谱 / 8

读《习近平的七年知青岁月》有感 / 11

入党寄语 / 14

恩来颂 / 16

海棠依旧　壮哉我中国少年 / 20

青年使命 / 23

民族精神到底有多重要 / 28

五四精神与中国青年 / 31

我们,青春正当时 / 35

中篇　追梦

那年,我高考 / 41

你的未来由什么决定? / 43

你好,新生! / 46

我在淮师上大学 / 48

跟着季羡林先生品大学 / 50

中德足球学院来了,我们该怎么办? / 52

这样的体院,真好! / 54

盘点 2017 年体院的那些"没想到" / 57

中德足球学院外教——弗尔克 / 60

自律浇灌下的你是什么样子? / 63

遇见自律的你 / 66

关于这个问题你必须想清楚 / 68

浸透奋斗泪泉的芽儿 / 71

你是佛系青年吗? / 73

老师,我选我 / 76

对待学习要讲诚信 / 79

暑假也是你进步的大好时期 / 82

班主任的一封信 / 84

18 岁的心态 / 86

雪情 / 89

回家过新年喽! / 91

爱情很美,必须真爱 / 93

在爱之前,我们要学会让自己变得优秀 / 96

请不要和青春说再见 / 98

对于走进社会,你准备好了吗? / 100

我与孩子们的约定 / 103

体育中考里监考员们的担当 / 109

下 篇
圆 梦

我怎么变了? / 112

你有兴趣爱好吗? / 115

不就是那么一步么,我迈出去就是 / 118

致我们一起努力的岁月 / 121

我和体院一起奋斗 / 125

大三,我没有后悔 / 130

暑假,是用来吃苦的 / 134

越努力,越幸运,越幸福 / 138

原来,不可能只是假想敌而已 / 142

还好,我没有放弃 / 145

平时到底有多重要 / 147

当班助,真好 / 149

新生:长大真好 / 152

学生干部:磕磕绊绊但很快乐 / 155

大四实习感悟 / 158

毕业了,我有些不舍 / 161

你的一切努力都不会白费 / 164

舞蹈生遇到了车祸 / 167

我在云南做支教 / 170

那个像蝴蝶一样美的姑娘 / 173

我不想放弃自己 / 176

考研报考之道 / 179

晓耿老师的考研故事 / 182

践行周恩来精神,担当新时代使命 / 187

勤学 修德 明辨 笃实 / 190

大学生社会主义核心价值观培育的初步思考 / 193

后 记 / 197

附 篇

上 篇

缘梦

中国梦,青年梦

党的十九大是在全面建成小康社会决胜阶段、中国特色社会主义进入新时代的关键时期召开的一次十分重要的大会。晓耿老师和很多同学一样,准时收看了十九大的开幕会。党的十九大报告信息量很大,包含政治、经济、文化、生活、生态等方方面面,当然也提出了很多具有重大现实意义的新概念和新定位。报告系统回顾了党的十八大以来各项事业的发展成就,科学总结了全党全国各族人民坚持和发展中国特色社会主义的历史进程和宝贵经验,深入分析了当前国际国内形势,并做出了中国特色社会主义进入新时代的重大判断,提出了新时代中国特色社会主义思想和基本方略,开启了全面建设社会主义现代化强国的新征程。

那么,这些内容和我们青年学生有什么关系呢? 晓耿老师想站在青年学生的角度,跟大家谈谈我的感想,我把它总结为:中国梦,青年梦。

党的十九大报告的最后,习近平总书记殷殷嘱托:"青年兴则国家兴,青年强则国家强。青年一代有理想、有本领、有担当,国家就有前途,民族就有希望。中国梦是历史的、现实的,也是未来的;是我们这一代的,更是青年一代的。中华民族伟大复兴的中国梦终将在一代代青年的接力奋斗中变为现实。"可以看出,我们青年人肩上的使命如此重要,青年人的成长成才是关系到民族振兴的大事。同时习近平总书记也寄语广大青年:"坚定理想信念,志存高远,脚踏实地,勇做时代的弄潮儿。"晓耿老师前段时间在看《习近平的七年知青岁月》这本书,结合习总书记青年时的奋斗历程,我深切感受到他像一位长者一样,他的嘱托如此真实、如此接地气。他曾说:"青年有着大好机遇,关键是要迈稳步子、夯实根基、久久为功。心浮气躁、朝三暮四,学一门丢一门,干一行弃一行，无论为学还是创业，都是最忌讳的。"

党的十九大报告第一次提出，中国特色社会主义进入新时代，我想这里的"新"一定是我们青年人一起努力创造的！

上周日晚上，杨涛同学对我说："老师，最近我在准备教师资格证考试，每天都好紧张好紧张，因为从来没有感受到自己离梦想那么近。虽然我不是体育师范生，但一直有颗教师梦，每天我都去图书馆学习，这似乎成了生活的中心。其实说实话，这样的生活让我有点发疯，好动的性格和习惯让我无法长时间静下心来学习，但又得逼着自己必须静下来认真、认真，再认真一点，这样一边崩溃一边奋斗的我真的太难忘了。"杨涛的描述，忽然让我想起习近平的话："青年朋友们，人的一生只有一次青春。现在，青春是用来奋斗的，将来，青春是用来回忆的。"我告诉杨涛："现在的你，才是青春该有的样子，虽然迷茫，虽然焦虑，但从来没有想过放弃，一直为梦想默默坚持着，为你点赞！"杨涛说："教育学和心理学，我们社体班学得不多，加上之前底子薄，其实我不一定能一次通过，但是没关系，我还会继续努力的。"说实话，那天晚上的杨涛很不一样，像个特别兴奋的孩子，我想这大概就是幸福里最纯粹的样子，原来青春里的拼搏可以让人那么开心！

是的，其实我们每个人为梦想拼搏的过程都是为国强做着最大的努力，就是这些点点滴滴的努力汇成了"国强"中最强劲的力量，你的梦、我的梦汇聚成大家的梦，就成了中国梦！

今天，我们正朝着建成富强、民主、文明、和谐、美丽的社会主义现代化强国目标迈进，我们比历史上任何时期都更接近、更有信心和能力实现中华民族伟大复兴的目标，而中华民族伟大复兴的中国梦终将在一代代青年的接力奋斗中变为现实。党的十九大报告中有这样一句话说得特别好："历史只会眷顾坚定者、奋进者、搏击者，而不会等待犹豫者、懈怠者、畏难者。"现在，我们在青春时期可以如此自豪、如此洒脱，我相信你以后一定会在某个时期感慨年轻真好，感慨生在新时期的自己是多么的幸运。因为当年轻的我们咬紧牙关奋斗时,也在见证这个伟大时代的变革,因为你的成就感、获得感、安全感都将与这个国家的繁荣富强紧密相关! 在这个时代里,年轻的我们可以骄傲地说:我的梦想有多雄奇,中国就有多美丽!

少年强则国强

哈佛大学肯尼迪学院的许吉如在《我是演说家》中有过《国强则少年强》的演讲,内容非常精彩。她告诉我们强大的中国赋予每个公民安全感,因此我们可以在世界的任何角落得到尊重并保持话语权,因为世界如何看待中国就会如何看待你,所以国强则少年强!在《战狼2》的最后,中国护照上的一句"无论你在海外遇到了怎样的危险,请记住,你的背后有一个强大的祖国"激起无数人强烈的爱国情绪。可见,中国的强大就是中国人的底气。

在这里,晓耿老师想站在学生的角度谈谈少年强则国强。

2012年,中共十八大时期,晓耿老师当时正在备战研究生考试,对党的十八大报告记忆犹新。党的十八大报告首次提出全面建成小康社会的目标,并从经济、政治、文化、社会、生态五个方面细分了目标:经济持续健康发展,转变经济发展方式取得重大进展,在发展平衡性、协调性、可持续性明显增强的基础上,实现国内生产总值和城乡居民人均收入比二〇一〇年翻一番;人民民主不断扩大;文化软实力显著增强;人民生活水平全面提高;资源节约型、环境友好型社会建设取得重大进展。其实,建成小康社会就是中国强大最有力的证据。

以前,我跟很多人一样,不太关注这样的政治事件,认为离自己的生活太远了。但回首这几年,猛然发现,我们的生活确实向着报告中的目标方向,每天在点滴中发生着改变,原来,报告中讲述的是我们普通人最本质的生活目标。祖国的未来才是我们的未来,祖国的繁荣昌盛才是我们每一个人进步的沃土,"富强、民主、文明、和谐、美丽"的国家需要我们这些少年一点点去创造。

有一次我路过万瑜老师办公室，里面好多同学，很热闹，我就凑了过去，万老师说，他们在参加比赛时，苏州大学博士生导师特别看好他们健身气功队的同学，希望有一天能在苏州大学博士生里看到他们，所以，万老师开心地鼓励他们先好好准备研究生考试。忽然收到博士生导师抛出的橄榄枝，同学们真的既兴奋又激动。四年间，从成绩平平的高中生，成为可以站在国际舞台上展示技能的优秀大学生，未来还有可能像万老师期盼的那样成为民传博士，真好。也许将来的某一天，站在国际舞台传播中华传统文化的时候，他们不仅有精湛的技艺，还有深厚的理论基础。晓耿老师想说，不要认为自己太渺小了，认为 14 亿人口里面的你实在不凸显，其实，只要你有理想、有信念和坚持下去的勇气，你也会跟他们一样，担当起复兴中华的重任。

昨天一早，费薇给我 QQ 留言，说过完中秋节就回家，我开玩笑地说了一句："在家千万不要忘记复习教师编制考试哦。"没想到她很认真地回我："我把书都拿回家了，一有空我就学习，没落下呢。"忽然间，我有种莫名的感触，也许今天她的努力能使她顺利走向教师岗位，明天，她就能影响孩子们的未来。也许少年强则国强并不是体现在大的事件上，而是体现在我们少年每天的点滴努力中，改变自己，影响他人，本身就是为国强添砖加瓦。同学们，你们说，是吗？

马克思靠谱

看到"马克思"和"马克思主义",很多同学就感觉这是一门高深莫测、让人敬而远之的学问,因为太深奥了,似乎离生活太遥远了,怎么学都学不透。关于马克思,尽管小学就认识了这位大胡子爷爷,但他那深邃的眼神,显然和圣诞爷爷有着不同的风格,因为在他的眼神里总能感受到一种志向远大、信仰坚定的神奇力量。马克思主义是马克思理论体系的简称,它是一个科学理论体系,是马克思和恩格斯共同创立的基本理论、基本观点和学说体系,也包括继承者对它的发展。在实践中不断发展着的马克思主义,其影响深远,已经渗透到各个行业。

晓耿老师想简略地谈谈马克思,从马克思出发,理解马克思主义。

我很欣赏马克思的批判精神,这很像中国的一句古话:取其精华,去其糟粕,即"扬弃"精神。马克思的"师父"是黑格尔,一位马克思从来没见过的哲学高人,之所以这样说,是因为马克思拜读了大量黑格尔留下来的"武功秘籍"。刚上大学的时候,马克思是康德和费希特的铁杆粉丝,他甚至幻想有一天自己也能自创一个抽象的哲学体系,但是写着写着,他放弃了,实在写不下去,因为他跟我们最初对哲学的想法一样,太抽象,像"在太空中飞翔",不具体、不务实。在养病期间,马克思读了黑格尔的著作,发现了黑格尔的辩证法恰恰解释了从抽象到现实的转化,于是他开始疯狂学习黑格尔学说,后来经朋友引荐,加入了柏林大学的"博士俱乐部",这是青年黑格尔派组织,不同的是,别人加入组织是追求潮流,他加入组织是思考、论证黑格尔理论中的漏洞和破绽,让理论更能解决实际问题。当时《林木盗窃法》的出台,目的是惩罚那些到森林里捡枯枝的老百姓,法律把他们定性为盗窃,因为林木是森林所有者的私人财产。在我们现在看来,这样的法律实在太荒唐,但是当时,马克思可是费了不少功夫来证明这部新法案的荒唐。当然,他这种做法对他自己可是相当不利的,这是直接和政府、和法律对抗啊!从这件事上,他彻底看透了黑格尔学说,因为黑格尔说,国家和法律是"理性"的化身,当时的普鲁士就是"理想国家",代表着公平和正义,代表着绝大多数人的利益,但《林木盗窃法》出台的事实证明了黑格尔的"绝对真理"不科学。

很多哲学家往往从哲学中的抽象概念出发来解释一切,这是概念辩证法,而马克思却从实践出发,这就说明了他从概念辩证法转变为唯物辩证法。他不盲目模仿,公开发表《〈黑格尔法哲学批判〉导言》,直接对"师父"的学术成就进行批判,尽管"师父"当时无人能敌、自称已经达到德国哲学顶端;他不盲目追求潮流,认定自己的追求,尽管处处受到政府千方百计的阻挠、打压,甚至被驱逐出境,还和青年黑格尔派那帮"兄弟"发生了分歧。总之,无论前面的路有多崎岖,即使一辈子四处流亡,经济上还经常捉襟见肘,只要心中向往,仍然义无反顾、一往无前。我们知道周恩来12岁立下"为中华之崛起而读书"的誓言,并为此奋斗终生;周恩来的偶像——马克思,17岁时也立下"为人类的幸福而工作"的誓言,为了这个誓言,什么困难都是微不足道的。

我也很欣赏马克思追求理想的信念。现在我们很难想象,作为一家之主的马克思,却要无奈地带着全家四处奔波,作为七个孩子的父亲,却只能眼睁睁看着四个孩子夭折,他难受过、自责过,但仍坚持自己的理想,始终保持冷静,保持批判精神,这需要多大的勇气和智慧!我想支撑他走下去的应该是信念吧,否则,这样的生活应该是令人崩溃的。具有划时代意义的《共产党宣言》就是在这样的环境下产生的,着实不易!有人曾经说,"当你感到身心疲惫时,那你正在走上坡路,因为只有下坡路才会感到轻松",这句话也验证了马克思的一生。同样,对于我们自己也一样适用。最近,有很多同学进入了考研、考公、考编、考教师资格证的最后冲刺期,每天起早贪黑,夜以继日,有时感到无比焦虑和失望,有时又感到疲惫和煎熬,但仍然每天以书为伴,与重点、难点死磕到底。如果你是这样的同学，那么恭喜你，你正处于上升期，千万不要放弃，胜利的曙光即将到来！

此外，我还特别欣赏马克思"不拼爹"、靠自己奋斗的精神，马克思的父亲是当地知名律师，爷爷也是一名律师，姨父是大名鼎鼎的飞利浦公司创始人，妻兄是普鲁士政府大臣，马克思可谓是要钱有钱，要权有权，绝对的"富二代"。在波恩大学读书时，"富二代"马克思也曾经花钱如流水过，但是转学到柏林大学后接触到自己一生追求的理想时，毅然转变成学术宅男，专心研究，甘愿放弃荣华富贵，全身心投入自己的理想事业。

晓耿老师一直在负责学生就业和职业生涯规划的工作，确实有学生会把自己的就业当成父母的就业，把自己的未来寄托于某亲戚的许诺，于是像得到"尚方宝剑"一样肆无忌惮地浪费青春。还有同学内心还有"自己好，不如嫁得好"的想法，于是化妆品、新衣服、名牌包包成为热捧，似乎这才是光鲜亮丽的标志，于是花父母的钱变得那么的理所当然。我们应该学习马克思，潜心提升自身的素养，比什么都可贵！同学们，你们说，是吗？

读《习近平的七年知青岁月》有感

最近晓耿老师在读《习近平的七年知青岁月》,本书讲述了习近平从 15 岁至 22 岁在陕北梁家河的七年知青岁月,同时也讲述了习近平的青春故事。对于正值青春的我们,晓耿老师认为值得向习近平总书记学习。

1968 年 12 月 22 日,《人民日报》发表题为"我们也有两只手,不在城里吃闲饭!"的文章,公开发表了毛泽东"知识青年到农村去,接受贫下中农的再教育,很有必要"的重要指示。1969 年 1 月,习近平就乘坐知青专列奔赴陕北延安的农村,开始了"上山下乡"的艰苦历程。和习近平一起插队的雷平生讲述了这样一个细节:"我觉得挺感动的,当时的习近平还不满 16 岁,其实还没到插队的年龄,当他办理户口注销手续时,班主任就提醒习近平,应该明年再走,而且明年可能有留京当工人的名额。"当时的工人地位很高,况且还是北京的工人,这大概是很多人追求一辈子的目标吧,但习近平却执意前往最穷苦、最偏僻的陕西延川。

一开始我觉得当时的习近平毕竟不到 16 岁,应该是个不谙世事、热血澎湃又爱冲动的少年,谁不想趁着青春疯狂一次呢? 况且远离父母,在离天地最近的地方,当时做出这个"冒失"的决定是可以理解的。但是当我读到他在陕北真真正正从事劳动的经历时,我对自己一开始的主观评价感到羞愧,原来他不是一时冲动,不是我想的"再不疯狂我们就老了"。

晓耿老师在青年习近平身上,看到了实实在在的"不忘初心,砥砺前行"。我想他坚决去农村的信念和当知青的这七年,应该就是他确立"初心"的基石,在这段时间里,思想、情操、意志和人生观都得到了纯粹和彻底的改造,这对他的一生都是至关重要的。

晓耿老师想站在学生的角度尝试着分析这七年岁月，帮助同学们在最青春的年华里找到自己的"初心"。

首先让我感到震撼的应该是习近平的勤奋好学。"上山下乡"时，人家的行李箱里是衣服，他的行李箱里是书，当时的大队党支部书记是这样描述的："近平当时是个15岁娃娃，虽然个子高，但是挺瘦的，这两大箱子书，我们干惯了体力活的社员都觉得太沉了，他竟然从北京一路给搬到千里之外的山沟里来，真是太不容易了。以后在劳动中有针缝的时间都用来读书，视读书如吃饭、饮水一样必不可少。每天看书至深夜，还乐在其中，说自己有种'世人皆睡我独醒'的味道。"他的书种类繁多，政治、哲学、文学、历史，等等，还经常"30里借书，30里讨书"。虽然当时为数不多的粗粮经常让人饥肠辘辘，但我想少年习近平的精神世界应该不会饥饿。我听过白岩松《只有阅读，才会有诗和远方》的演讲，他讲述了精神、文化方面的成长远远比一顿饱饭更令人开心的感触，我想那时在农村的习近平应该也会有这样的感触。

我想起杨绛先生曾经对年轻人说过的话："你的问题在于读书太少，想得太多。"是的呀，我们未尝不是这样呢。我经常看到很多学生在填写简历时，兴趣一栏总是写"看书"，细细打听，他们却对文学巨著一无所知，所谓的看书只不过是热播偶像剧的"原著"罢了。多看书，看有营养的书，在饥肠辘辘的年代里，习近平能做到，而在物质丰富的年代里的你应该更容易做到，难道不是？不要等到要考试了，才通宵学习几晚，粗略地过一遍教科书，然后还得发个朋友圈炫耀，告诉全天下人，你是个好学的人，其实，只有自己最清楚，你的精神世界有多贫瘠。在不会饥饿的年代里，理论上我们有更多的时间去读书，但是太多人选择更多的时间"不读书"，于是会有作弊、抄袭、举止不文明的情况。这才渐渐明白，不读书的后果会让人有多自卑，因为它带来的不止是书本的消失，更使一个人失去了文化、礼仪修养，还失去了最重要的人生观、世界观和价值观。

其次是习近平的务实精神打动了我。在陕北插队时，习近平受到外界指指点点。别的知青从零开始,而习近平要从负数开始;别的知青可以通过招军、招工提前离开农村,而他必须待下去,最后长达 7 年;别的知青入团、入党比较顺利,而他先后写了 8 份入团申请书、10 份入党申请书,一次次地努力,一次次被打回来,但他没有失望,默默地做"黄土地的儿子",努力适应黄土地的生活。尽管当时必须与跳蚤生活在一起,但丝毫没有影响他与当地村民融在一起的心情。村民们都喜欢他,把他当作自己的家人,他也把这里当成了家,因为这里有情似亲人、贴心知己的父老兄弟。后来,他当上梁家河大队党支部书记后,带领村民建沼气池、打水井、办铁业社、打坝地、种烤烟、办代销店和缝纫店、搞河桥治理,直到今天,村民还在受益。

　　习近平把梁家河当作自己的第二个家,像对待亲人一样对待父老乡亲。在内心深处早已把自己当成了农民,把农民的事当回事,脚踏实地为农民办实事,从来没有把自己当成高干子弟。这一精神对大一的同学很受用,很多同学换了新环境,文化、习俗、气候、饮食等很多方面都不适应。其实这很常见,每个人都经历过,但如何在不熟悉的环境里奋发图强,实现自身价值,这需要我们向知青习近平学习,脚踏实地,好好学习,砥砺前行!

入党寄语

2017年11月初,体育学院师生联合党支部召开了吸收预备党员支部大会,冯相文、盛开、赵珍珠等十二名同学光荣加入党组织。

习近平曾说:"上海党的一大会址、嘉兴南湖红船是我们党梦想起航的地方,我们党从这里诞生,我们党从这里出征,从这里走向全国执政。"1921年,一大代表只有13人,全国党员也只有50多人,这些"星星之火"从半殖民地半封建社会的绝境中使中国面貌焕然一新。九十多年的历史证明,只有中国共产党才能救中国,才能带领中国人民走向富强、民主、文明、和谐、美丽的社会主义现代化强国。

我经常在入党申请书上看到这样一句话:家里有个思想觉悟高的爷爷,从小听爷爷讲党的故事,并告诉我没有共产党就没有新中国,于是受到了熏陶。南航的徐川老师在《顶天立地谈信仰》一书中,也有这样的感慨,他说一度深深怀疑,大家是不是拥有同一个爷爷? 当然他还说,这样写不是不对,而是他认为入党这件事应该是自己的事儿。我的感觉跟徐川老师一样,入党动机这件事是深入血液里的精神力量,应该是纯洁的、纯粹的,只有自己全面认识党的先进性,发自内心地志愿加入才是真正的入党动机。

决定加入中国共产党时,我刚刚上大一,和大多数大一学生一样,对于党员标准很模糊,对党的理解也少得可怜,至于党史,仅仅是历史书上的几件大事,至于信念,说不清楚,只能说心中有党。凭借我对党员一点点的认知:乐于奉献,敢于担当,我在学校加入了青年志愿者部,开始了很长时间的志愿服务。记得最清楚的一次是参加无锡一家养老院志愿者服务工作,因为靠近医院,里面基本都是重病的老人,养老院有两层,一楼是能走动的老人,二楼的老人基本都是瘫痪在床。我们一行人分为两个小组,我被分配在一楼,就是照顾一些病情比较轻并且可以拄着拐杖走动的老人。我们把老人扶到阳光下,给他们带去歌声与欢笑,老人也向我们讲述了自己的故事。有位老人的故事,我至今仍记忆犹新,她说,她有两个孩子,都在国外,怕打扰他们,就自己住在养老院,其实孩子们生活也不容易,她老了,走不动了,总想在生养自己的地方落叶归根,但是这里都是老人,每天都有人离开,压抑的空气让她心里的寂寞和郁闷无法排解,放声笑一笑成为了奢侈品,她多么希望我们常来,跟她说说话,聊聊天,唱唱歌。

这是件小事,却使我对入党的信念有了更深入的思考。战争年代,惊天动地、抛头颅洒热血的大事的确可歌可泣,但在和平年代,做好身边的小事意义一样很大。以前我一直把党员与大英雄之间画等号,其实更多时候党员的价值是体现在小事上,我们经常听到的"乐于奉献、勇于担当、脚踏实地、求真务实"就体现在身边的小事上。

后来,我光荣地加入了中国共产党,其实在很早之前我就开始反复想象着我加入党组织的兴奋样儿,但真正宣誓结束后,我感到的不只是兴奋,更是无上的光荣和满满的使命感。

现在的我,一直在读马克思、恩格斯的著作,坚持读党史、抄党章。在以前,如果别人这样做,我肯定认为是在作秀,有点假惺惺的,而现在,我对它越来越执着。也许我真的无法告诉同学们入党有什么货真价实的好处,但我想用自己的事例告诉大家,入党让你更能找到自己生命的价值。

习近平指出:"青年兴则国家兴,青年强则国家强!"做有理想、有本领、有担当的青年,不断加强学习,深入领会新时代中国特色社会主义思想,将自己的理想信念与中国梦紧紧相连,在党坚强的领导下,乘风破浪,勇往直前,走好青春的长征路! 这才是新时代的我们应该思考的课题!

恩来颂

晓耿老师想送给大家一首诗，由淮阴师范学院原体育学院党委书记于永恒老师创作，诗中描述了周恩来为国为民的一生，从淮安的驸马巷到北京的西花厅，从立志少年到国家公仆，一字一句饱含了对周恩来的崇敬和爱戴之情。

恩来颂

于永恒

高耸的文通塔曾看见

巍峨的镇淮楼还记着

那位从驸马巷走出

在陈宅大院静读的少年

为中华之崛起而读书

从清江浦的石码头驶向了塘沽港口

为了寻求中华民族的强盛之路

东京、巴黎、莫斯科一路苦苦摸索

马列主义这盏明灯

终成为您一生高擎的火炬

六七十年风风雨雨革命路

把您锤炼成为坚定而忠诚的共产主义战士

无数次的生死洗礼

铸就您不朽而伟大的灵魂——

共产党人最先进的代表

故乡淮安最大的骄傲

共产党人最先进的代表

故乡淮安最大的骄傲

梅之高洁乃花中一品

您德之高洁实为人之楷模、众之豪杰

您用毕生的心血

成就伟大的事业

您用一品之笔

书写一个顶天立地的人字

一个完美的人生

您用一品之笔

书写一个顶天立地的人字

一个完美的人生

您坚守信念

临终前还在吟唱《国际歌》

英特纳雄耐尔一定要实现

是您毕生的追求

永不褪色的信仰

您牢记宗旨

"为人民服务"五个金光闪闪的大字

是您永不离身的佩饰

抗洪一线 重震灾区

工厂 田头 边防 海防

哪里有困难

哪里就有您的身影

您是人民的依靠

是安全感

是主心骨

更是希望

您最讲艰苦奋斗

一件不能公开洗晾的衬衫

一条打了十四块补丁的浴巾

丝毫无损您一位大国总理的风度

丝毫无损您一位大国总理的风度

您最不知疲倦

一连数天每日工作十八个小时

就连办公室里的灯光也被您熬黄、伴瘦

七尺铮铮铁汉

最后只剩下 30.5 公斤的躯干

您最大公无私

生前无儿无女

死后灰撒江河

都说白玉无瑕

也难比您高尚品德

都说大海无垠

也比不上您广阔的胸怀

常青松柏是您不朽的英名

五岳峥嵘是您的伟绩丰功

常青松柏是您不朽的英名

五岳峥嵘是您的伟绩丰功

从淮安大地走出来的周恩来

是淮安大地的骄傲

是淮安人民的骄傲

是淮安学子的骄傲

面对总理的高尚品德和伟大人格

我们想得太多,太多

我们想得太多,太多……

海棠依旧　壮哉我中国少年

不知道大家有没有过这样的感受：深夜静谧，总有那么一刻忽然感到迷茫、困惑，于是努力地去回忆自己曾经悄悄许下的诺言。时间悄悄在我们身边溜走，一晃一年、两年、三年、四年过去了，那个曾经充满热血的自己还在吗？

最近，晓耿老师听到很多同学感慨。大四的同学会说，大学的日子过得太快了，感觉昨天才刚刚入学报到，今天却要背起行囊奔赴下一个人生路口，太快啦！快到没来得及好好看看满校园的春色就要匆匆离开。大一的同学也感慨，曾经为了大学梦每天奋战到深夜，今天，已经在大学里快一年了，身上的稚嫩似乎还没来得及褪去，就要着手准备练就进入社会的真本事了。

晓耿老师想说，这就是成长，它在我们不经意间悄悄地来到。正值青春的我们，不要等失去再后悔，不要等某一天突然觉醒才难过不已。

我想起梁启超先生的《少年中国说》中的内容："故今日之责任，不在他人，而全在我少年。少年智则国智，少年富则国富；少年强则国强，少年独立则国独立；少年自由则国自由，少年进步则国进步；少年胜于欧洲，则国胜于欧洲，少年雄于地球，则国雄于地球。"

淮安是周恩来的故乡，我校以"周恩来精神"为办学育人特色。今天，晓耿老师邀请了体育学院几名同学与我们分享学习"周恩来精神"的感悟，他们是为创业梦而努力的于廷洋，成绩优秀、兢兢业业的盛开，梦想成为最专业健身教练的周宇，视足球如生命的足球先生冯相文，还有学霸干部赵珍珠，让我们一起感受他们如何深刻体会周恩来精神，并将周恩来精神应用到自己实际学习、生活中，同时让我们一起思考如何担当起青年一代的使命。

于廷洋：

周恩来在树立理想后，苦苦追求自己的信念，从未放弃。我也一直梦想着创造自己的事业，我知道很难、很累，但我不能放弃。现在，我正和我的创业团队创办自己的动感单车俱乐部，大到上万元的器械，小到几元的螺丝钉，每一个细节都耗费心神。在别人眼里，或许看起来很简单，但做起来真的很难。从开始的策划，到最后的定型，用了整整几个月的时间。现在，我们的俱乐部已经开业，我们将会承载着周恩来精神继续努力！

盛开：

上周，我们去参观了周恩来童年读书处。一跨入古色古香的门，并不大的空间却给我留下了深刻的印象，似乎清晰地看到少年恩来伏案读书的认真样子。我是一名学生干部，学习、工作有时让我无法兼顾，但我知道我必须坚持，所以渐渐地学会了如何平衡学习和工作两者的关系。作为大学生，我也深刻体会到周恩来刻苦学习的精神。我想，我从周恩来身上学到更多的是精神力量和看问题的方法。

周宇：

我的爱好是健身，从大一我就立志做一名优秀的健身教练，周恩来精神一直激励着我，尤其是他不放弃的坚强意志，总是在我最迷茫时给我坚定的信念。其实，追逐梦想的路上有太多的坎坷和波折，有时，在晚上训练很累时，总想逃脱和放弃，当我想起心中榜样周恩来，想到心中的目标时，就决定再坚持一下，再坚持一下。现在我还在奋斗的路上，我想，在遇到困难时我会更加自信和坚强！加油，周宇，未来，你好！

冯相文：

还记得19世纪初，中国人被称为"东亚病夫"。周恩来一辈大力提倡全民健身,鼓励参加奥运会。我酷爱足球,读了很多周恩来与体育的故事,深刻感受到周恩来发展中国体育的坚定决心。作为体育人,我们应该接下发展体育的接力棒。因为心中有这份信念,我广泛参与各项足球活动,积极学习,时时刻刻践行周恩来精神。我想,未来的我应该是一名优秀的足球教练,让更多的孩子爱上体育,爱上足球。

赵珍珠:

人或多或少都有惰性,我也是,要备考教师资格证考试,还要忙碌于学院团委宣传工作,每天又几乎都满课,面对这么多事情,有时心里想着逃避,逃避现在所有的压力和问题。尤其看到自己周围的同学可以有时间逛街、追剧时,心里莫名地想:我为什么要这么努力? 直到了解了周恩来的故事,和他相比,我的这些又算得了什么,严于律己,宽以待人,每天努力地向上生长着,总有一天,我的梦想之花也会悄然绽放,为自己加油!

晓耿老师:

同学们,是不是你也在心里默默感慨呢?

希望我们都能从周恩来的故事中寻找可贵的精神品质,虽然时代不同,但周恩来精神是永恒的,在任何时代都不会落伍,并且随着时间的推移而越加珍贵。他仁者爱人,推己及人,是我们引以为傲的典范和学习的榜样。我记得习近平曾说过:"周恩来,这是一个光荣的名字、不朽的名字。每当我们提起这个名字就感到很温暖、很自豪!"最后,借用梁启超先生的一句话:"纵有千古,横有八荒。前途似海,来日方长。美哉我少年中国,与天不老;壮哉我中国少年,与国无疆。"

青年使命

2018年五四青年节前夕，习近平总书记再次来到青年中间，与青年学生谈理想、话奋斗，给予青年学生谆谆教诲和成长指引，饱含关怀，充满期待，对当代大学生提出了爱国、励志、求真、力行的明确要求。总书记指出，当代青年是同新时代共同前进的一代，既拥有广阔的发展空间，也承载着伟大的时代使命。深刻阐述了当代青年所处的历史方位和前进方向。同时，习总书记还指出，当代青年要忠于祖国、忠于人民，要立鸿鹄志、做奋斗者，要求真学问、练真本领，要知行合一、做实干家。那么如何理解习总书记的讲话，如何理解当代大学生的新时代使命和前进方向？

晓耿老师特别请到了来自文学院的周晓萱和来自数科学院的毕业生代表胡鑫宇两位同学，用他们的经历和感悟让我们理解什么叫"青年使命"。

周晓萱：

习近平总书记在北京大学考察时的重要讲话让人振奋，他的话语体现出对我们当代青年的无限期望与鼓励。在讲话中，总书记着眼于培养社会主义建设者和接班人的根本任务，对当代青年提出了要爱国，忠于祖国，忠于人民；要励志，立鸿鹄志，做奋斗者；要求真，求真学问，练真本领；要力行，知行合一，做实干家这四点要求，对广大青年如何勇担新时代使命、如何奋斗并实现中国梦做出了详细的阐释。下面我将从以下三点谈一谈自己的学习体会。

第一，忠于祖国人民，明确政治站位。我们要不忘初心，坚守信仰，以习总书记新时代中国特色社会主义思想武装头脑，做可靠的接班人。

青年承载着民族的希望，代表着国家的未来。青年的价值取向决定未来整个社会的价值取向。我们处在价值观形成和确立的关键时期，只有始终坚定做社会主义事业接班人的意识和决心，并将之作为人生的基本遵循，修德以立身、明辨以净心，才能"千淘万漉虽辛苦，吹尽狂沙始到金"。

周恩来总理少年便立志为中华之崛起而读书，青年的我们要以总理为榜样，始终把国家、把人民放在心里，把个人的理想和发展与国家的前途和命运紧密结合，志存高远，胸怀天下，使我们的成长紧贴国家的需求，为建设中华民族伟大复兴的中国梦贡献青春力量。

第二，践行求真务实，争做知行合一。我们要刻苦学习，锤炼本领，坚持以当代马克思主义指导实践，做有本领的弄潮儿。

空谈误国，实干兴邦。我们要牢记习近平总书记的嘱托，求真学问，练真本领；知行合一，做实干家。要以高标准严格要求对待自己，脚踏实地做好每一项工作，认真学习每一项技能，为实现我们的青春梦想打好基础。

日益为学学有所获，笃实践行事有所成。作为一名大学生，我们的首要任务是刻苦钻研学业。我是一名师范专业的学生，便要学好理论知识，构建完整的知识结构，掌握实践教学技能，提高自身修养，以德立身，以德立学，今后走上工作岗位才能以德施教，培养社会主义建设者和接班人。除此之外，新时代的我们，更应该主动了解国情，关注时事，明辨是非，理性爱国，只有这样，才是真正的用实际行动为全面建成小康社会贡献自己的力量。

第三，树立鸿鹄之志，勇担时代重任。我们要不忘赤子之心，立志新作为，以实现中华民族伟大复兴的中国梦为总目标，做有理想有担当的筑梦人。

"士不可以不弘毅，任重而道远"，新青年肩负时代重任，必先立志。在新时代的征程中，青年们要敢于树立远大理想，放飞青春梦想。每当谈及梦想和担当，一些同学总认为它离自己很遥远，认为一名普通学生，只需要顺利完成学业就足够了。可是小到个人的成长，大到整个国家的发展，前进的道路绝不会全是坦途。我们虽拥有良好的成长环境，但也面对着激烈的竞争压力和各种社会现象的纷扰，经受着择业等现实问题的考验。只有坚持以崇高的理想信念为引导,勇敢地承担时代赋予我们的使命与担当,我们才能在人生的道路中,不断前进,实现自身的价值。

习总书记在讲话中明确指出,每一代青年都有自己的际遇和机缘,新时代召唤新青年,为实现中华民族伟大复兴的中国梦而奋斗将是当代青年运动的主题。青春正芳华,今天的我们要利用青春优势,以永不懈怠的精神状态和一往无前的奋斗姿态,砥砺前行。心中有理想,眼中有远方,脚下才会有力量,沿青春之路为理想而拼搏,以奋斗之我筑梦中华新时代!

如今,站在新时代的地平线上,一轮绚烂的红日正在世界东方辉煌升腾,一副盛世图景正在世界东方恢弘涌现,新时代的我们必将与祖国同频,与时代共振!潮涌催人进,风正好扬帆。追梦需要激情和理想,圆梦需要奋斗和奉献。新时代重任在肩,我们既是追梦者,也是圆梦人,我们定将牢记总书记的殷切期待,用理想信念指引道路,以实际行动践行总书记的要求,不负时代使命,不负青春年华!

胡鑫宇:

很高兴能分享我对习近平总书记在北京大学师生座谈会上讲话精神的几点学习感受。

第一,因信仰而坚定,以理论学习加强思想建设。在总书记对青年提出的四点希望中,首先提出"要爱国,要忠于祖国、忠于人民"。作为一名新时代青年、中共党员,我想爱国首先要做到坚定信仰。每每重温入党誓词,一句句坚定的声音回荡在耳边,光荣与责任不仅体现在真诚、炽热的誓词上,更体现在督促自己与时俱进、恪守承诺的担当上。其次,爱国要做到了解国家前进方向,把握时代脉搏,牢记历史使命。在将周恩来精神融入办学育人的淮师,我们应该珍惜每一次学周活动、每一个主题教育月,坚持提高思想认识,激发内在学习动力。

第二,因理想而奋斗,以切实行动夯实信念根基。总书记提出"要励志,立鸿鹄志,做奋斗者"。作为一名学生,刻苦学习是我们的本职,学有所成是我们的理想。如何在实现理想的过程中切实走好每一步是新时代青年亟待解决的困惑。对此我不禁想到我所在班级数科1406班的故事。今年,我们班共有十八位同学考取硕士研究生,其中有十位考取"211"工程大学。舍友谢煜、朱春宇和我本人分列南航第一名、上师第二名与东华第三名,四年努力让状元、榜眼、探花齐聚一堂。而另一名舍友,来自贵州远山,为分担家庭重任,选择先行就业。虽未考研,也从不掉队,计算机零基础的他厚积薄发,成功通过计算机二级考试。在省专业组数学竞赛中,班级更有五位同学获奖,创造了学院历史新高。初入学时很胖的我在去年暑期完成了两个月减重四十斤的瘦身计划,强烈的视觉冲击的背后是鲜为人知的高强度长跑和超强的自我约束。大学的励志典范让我深知其实本没有天生的才能,一切都是厚积薄发。

第三,因热爱而求真,以勤学创新实现自我提升。总书记提出"要求真,求真学问,练真本领"。大学求真一要做到勤学,深知"打铁还需自身硬",耐心扎实基础知识,积极强化职业技能。二要做到笃实,细致钻研书本,认真处理每个细节,热爱课堂,追求知识积淀。三要做到创新,勇于提出新问题,寻找新思路,开拓新境界。作为师范院校,学校很多同学都怀揣着教师梦想,他们积极利用课余时间参与志愿支教活动,以苦为乐,在奉献中提升自我,从给予中收获温暖。他们证明了在自己热爱的事业上前行是多么的幸运与幸福。在不久的将来他们也会成为中国教育事业蓬勃发展的中流砥柱。

第四,因责任而担当,以专业力量助推社会进步。总书记提出"要力行,知行合一,做实干家"。大学拥有丰富的实干平台。学校大学生创业街百花齐放,学校各大学生组织人才济济,他们都证明了实干需要敢为人先的勇气与坚持到底的毅力。除此之外,新青年应该尝试扩大影响力。应用数学专业的我在毕业论文选题时选择研究较为冷门的渔业经济发展势态,这属于统计学论文,需要整理大量数据并建立分析模型。对概率统计的热爱与尝试分析的期许让我坚持了下来,经过数月努力,论文终可定稿,欣喜的同时,也坚信自己将在探索概率统计的道路上可以走得更远。很多同学和我一样，开始尝试传染病、动力学等领域的研究。这些课题操作的高难度都被我们对科研事业的憧憬一一化解，课题一小步的突破都可能具备造福未来的潜力，相信未来科研事业会出现更多淮师人的身影。

此时此刻，正值毕业之际，向着未知的明天，我们满怀理想，风正帆悬，披荆斩棘，充满斗志。总书记最后引用辛弃疾名句，我试着对下联，与各位分享："乘风好去，长空万里，直下看山河。拾级而上，大陆千秋，登高望川流。"

晓耿老师：

同学们，"宝剑锋从磨砺出，梅花香自苦寒来"，我们作为青年学生，最重要的使命就是不断磨炼自己，怀抱一颗爱国心，一腔热血，撸起袖子加油干，我们经常说"无努力，不青春"就是这个道理！

民族精神到底有多重要

2018 年 7 月 15 日，足球世界杯决赛法国以 4：2 战胜克罗地亚，世界杯让我们记住了法国队举起大力神杯的狂欢，也让我们感动于克罗地亚人的精神力量。晓耿老师是一名初级球迷，从 2006 年德国世界杯才开始正式加入伪球迷队伍，也许对足球的了解真的不太专业，但也让我看到了足球以外的世界。

在俄罗斯世界杯足球赛上赢得亚军的克罗地亚国家队在当地时间 7 月 16 日下午回到祖国，在首都萨格勒布受到了英雄般的欢迎。这是克罗地亚队参加世界杯以来创造的历史最好成绩。当克罗地亚队进入决赛后，很多球迷都感到吃惊，我想很多同学对克罗地亚这个国家名字还比较陌生。晓耿老师就跟大家讲讲克罗地亚，讲讲民族精神。

先从克罗地亚历史讲起吧。1945 年，南斯拉夫联邦人民共和国成立，联邦由六个民族自治共和国组成，每个共和国都有自己的宪法、议会和政府，因此享有很高的自治权。对于当时来说，以社会主义联邦制来解决民族问题实质上是一大进步，当时出现了各个民族之间短期和睦的状态，但仍然存在着政治、经济、文化、宗教、社会等问题，尤其是克罗地亚与联邦及塞尔维亚之间的关系。在各种矛盾影响下，克罗地亚先后爆发了两次大规模的民族主义运动。1967 年 3 月，发生一起舆论战，危机也就此显现。舆论主要集中于克罗地亚受到的政治控制、经济剥削、精神压抑、文化侵蚀、人口下降等纰漏和渲染。到了二十世纪八十年代，南斯拉夫联邦的政治、经济及社会状态日益恶化，地方民族分立主义抬头，克罗地亚的主权和独立再次被提上日程。1990 年，南共联盟在中东欧民主化浪潮和国内民族主义势力的双重压力下，不得不同意进行大选，克罗地亚民主联盟成为执政党，并立即修改了宪法，调整了政策。1991

年 6 月 27 日,克罗地亚在失去民族独立近 900 年后,再度成为一个主权独立的国家。

是的,到 2018 年克罗地亚独立才 27 年,其实,严格来讲,1998 年 1 月,联合国宣布将行政权全部交给克罗地亚,至此,克罗地亚才真正实现独立和统一。克罗地亚选择从南斯拉夫独立的早期,付出的代价是惨重的,从 1991 年到 1995 年的战争,克罗地亚和塞尔维亚两族有超过 2 万人死亡,50 万人流离失所、无家可归。克罗地亚球员的平均年龄为 27.9 岁,也就是说,他们很多人的童年是在战争、迁徙、流浪中度过的,他们见过千疮百孔的房子和尸体遍野的凄凉景象。1985 年出生的队长莫德里奇、1986 年出生的锋线杀手曼朱基奇、1984 年出生的守门员苏巴西奇,还有后卫洛夫伦等等球员就是这样的孩子。也许这时候我们就能理解了,为什么足球让克罗地亚人那么痴狂,足球不仅是他们在黑暗的战争中宣泄痛苦的工具,足球更通过诠释民族精神带来了无上荣耀。

在世界杯决赛来临前,我和老公两人在家里分析谁会赢球,谁会捧得大力神杯,老公是个资深球迷,他把法国队的人员配备、参赛选手年龄、职业经历、年收入等分析得很透彻,结论是法国肯定赢。我不懂足球,但我喜欢看足球背后的精神,我说,尽管你说得很有道理,但我还是希望克罗地亚能赢,因为他们太渴望这个大力神杯了,他们的意志、他们的精神都是值得我们学习的,他们配得上"世界杯冠军"的称号。

我看过白岩松做的一档节目,叫《白看世界杯》,他说足球的强跟权利、跟人口都没有关系,甚至是相反的。克罗地亚队似乎能说明这一点,只有 5 万多平方千米的国土,差不多只有江苏省的一半,人口只有四百多万。20 年前的 1998 年法国世界杯,克罗地亚首次参加世界杯,阵中拥有苏克、普罗辛内茨基、博班、贾尔尼等队员的克罗地亚最终夺得了季军。如今,拥有莫德里奇、拉基蒂奇、佩里西奇、曼朱基奇、苏巴希奇等球员的队伍首次闯入了世界杯决赛,超越了他们的前辈。

在这届世界杯上，克罗地亚队完成了三场加时赛的逆转取胜，即使到了决赛的最后时刻，他们也能凭着一股坚定和韧劲，做到了最好。这种顽强的拼劲让我们钦佩。虽然最后还是出局了，虽然与法国队相比还有那么大的差距，但他们的精彩表现让我们看到了他们对种种不足的重重克服。拥有强大的民族精神，顽强的意志品质，这样的人哪怕最后输了，都是别样的优美。比赛结束了，在克罗地亚队员眼中，似乎这才刚刚开始，他们没有抱头痛哭，而是选择相互打气、相互支持，就像即将进入战场的英雄，不信宿命，斗志昂扬地再次举起战旗重新出发。

五四精神与中国青年

2019 年是五四运动 100 周年,在纪念五四运动 100 周年大会上,习近平总书记出席大会并发表重要讲话,令人热血沸腾。我校也举办了各种青年活动,比如"青春心向党,建功新时代"团歌嘹亮大合唱比赛、"周恩来与五四精神"学术研讨会等,本学期"形式与政策"课程也专门开辟一个专题——用五四精神锻造时代新人,专门讲解五四运动以及五四精神。

习近平总书记在纪念五四运动 100 周年大会上的讲话内容丰富,振奋人心。他鼓励青年要树立远大理想、热爱伟大祖国、担当时代责任、勇于砥砺奋斗、练就过硬本领、锤炼品德修为。

100 年前爆发的五四运动,是一场以先进青年知识分子为先锋、广大人民群众参加的彻底反帝反封建的伟大爱国革命运动,是一场中国人民为拯救民族危亡、捍卫民族尊严、凝聚民族力量而掀起的伟大社会革命运动,是一场传播新思想、新文化、新知识的伟大思想启蒙运动和新文化运动。五四运动促进了马克思主义在中国的传播,促进了马克思主义同中国工人相结合。五四运动是中国近现代史上具有划时代意义的一个重大事件,是中国旧民主主义革命走向新民主主义革命的转折点,在近代以来中华民族追求民族独立和发展进步的历史进程中具有里程碑意义。

晓耿老师想跟大家讲讲五四运动,讲讲五四精神。

1919 年 5 月 4 日,在北京爆发了一场轰轰烈烈的反帝爱国群众运动,革命浪潮迅速席卷全国,各界民众同仇敌忾,共同奏起一曲浩气长存的时代壮歌。巴黎和会是第一次世界大战结束后,近代中国以战胜国的身份参加的重要国际会议。1919 年 1 月 18 日,巴黎和会在法国巴黎凡尔赛宫开幕;1 月 27 日,五大国会议准备讨论中国山东问题。中国代表团坚定表示:将山东交还中国,为中国当有之要求权利。之后,中国代表团冲破日方阻拦,将山东问题的说帖和中日密约提交和会,论证了山东的权益应直接归还中国。西方列强对中国山东问题开始是有同情心的,但为了各自的利益,这种同情心瞬间即逝。4月中旬,英、法坚守与日本的成约,美国也对日本步步妥协,最后,西方列强竟然决定将德国在山东侵占的权益转让给日本,并决定将此写进对德和约。中国外交的失败,触燃了国内的"五四"烈焰。4月29日,消息传入国内,激起全国人民的强烈抗议。5月4日下午,北大等十几所学校3 000余名学生聚集在天安门广场喊出了"外争国权,内惩国贼""废除二十一条""誓死力争""还我青岛"等口号。游行队伍到东交民巷使馆区请愿未果,然后前往赵家楼胡同曹汝霖的住宅,曹汝霖吓得躲了起来,愤怒的学生就将正在曹宅的章宗祥痛打了一顿,并放火焚烧了曹宅。这时,大批军警赶到,当场逮捕32名学生。在广大学生针锋相对的斗争下,在各界的强烈声援下,被捕学生很快被释放了,但运动的目的并未实现。5月19日,北京大中学校2.5万多人举行总罢课,并进行大规模的爱国游行。6月3—5日,更多的学生走上街头,抗议北洋军阀政府在巴黎和会上的软弱无能,800多名学生被捕,当局甚至用北大校舍做临时监狱来关押学生,"六三大逮捕"激起全国各地更强烈的反抗,大江南北、长城内外,群起响应。爱国斗争渐成燎原之势。据统计,全国有20多个省区,100多个大中城市卷入这场如火如荼的洪流之中,尤以上海爆发的"六三运动"规模最大。6月5日,上海工人举行罢工,支援北京学生的反帝爱国斗争。6月7日,北京政府被迫释放被捕学生。6月10日,曹汝霖、章宗祥、陆宗舆被撤职。6月17日,北京政府又电令中国代表同意在和约上签字,为此又引发了新一轮的抗争,中国代表最终没有出席和约签约仪式。

五四运动孕育了伟大的五四精神,习近平总书记在纪念五四运动100周年大会讲话中这样阐述:"五四运动以全民族的力量高举起爱国主义的伟大旗帜。五四运动,孕育了以爱国、进步、民主、科学为主要内容的伟大五四精神,其核心是爱国主义。爱国主义是我们民族精神的核心，是中华民族团结奋斗、自强不息的精神纽带。……爱国主义自古以来就流淌在中华民族血脉之中，去不掉，打不破，灭不了，是中国人民和中华民族维护民族独立和民族尊严的强大精神动力，只要高举爱国主义的伟大旗帜，中国人民和中华民族就能在改造中国、改造世界的拼搏中迸发出排山倒海的历史伟力！五四运动以全民族的行动激发了追求真理、追求进步的伟大觉醒。……有了马克思主义，有了中国共产党领导，有了中国人民和中华民族的伟大觉醒，中国人民和中华民族追求真理、追求进步的潮流从此就是任何人都阻挡不了的！五四运动以全民族的搏击培育了永久奋斗的伟大传统。……只要中国人民和中华民族勇于为改变自己的命运而奋斗牺牲，我们的国家就一定能够走向富强，我们的民族就一定能够实现伟大复兴！"

习近平总书记给新时代中国青年提出六点要求。一是新时代中国青年要树立远大理想。新时代中国青年要树立对马克思主义的信仰、对中国特色社会主义的信念、对中华民族伟大复兴中国梦的信心，到人民群众中去，到新时代新天地中去，让理想信念在创业奋斗中升华，让青春在创新创造中闪光！二是新时代中国青年要热爱伟大祖国。新时代中国青年要听党话、跟党走，胸怀忧国忧民之心、爱国爱民之情，不断奉献祖国、奉献人民，以一生的真情投入、一辈子的顽强奋斗来体现爱国主义情怀，让爱国主义的伟大旗帜始终在心中高高飘扬！三是新时代中国青年要担当时代责任。新时代中国青年要珍惜这个时代、担负时代使命，在担当中历练，在尽责中成长，让青春在新时代改革开放的广阔天地中绽放，让人生在实现中国梦的奋进追逐中展现出勇敢奔跑的英姿，努力成为德智体美劳全面发展的社会主义建设者和接班人！四是新时代中国青年要勇于砥砺奋斗。新时代中国青年要勇做走在时代前列的奋进者、开拓者、奉献者，毫不畏惧面对一切艰难险阻，在劈波斩浪中开拓前进，在披荆斩棘中开辟天地，在攻坚克难中创造业绩，用青春和汗水创造出让世界刮目相看的新奇迹！五是新时代中国青年要练就过硬本领。新时代中国青年要增强学习紧迫感，如饥似渴、孜孜不倦学习，努力学习马克思主义立场观点方法，努力掌握科学文化知识和专业技能，努力提高人文素养，在学习中增长知识、锤炼品格，在工作中增长才干、练就本领，以真才实学服务人民，以创新创造贡献国家！六是新时代中国青年要锤炼品德修为。新时代中国青年要自觉树立和践行社会主义核心价值观，善于从中华民族传统美德中汲取道德滋养，从英雄人物和时代楷模的身上感受道德风范，从自身内省中提升道德修为，明大德、守公德、严私德，自觉抵制拜金主义、享乐主义、极端个人主义、历史虚无主义等错误思想，追求更有高度、更有境界、更有品位的人生，让清风正气、蓬勃朝气遍布全社会！

　　同学们，纪念五四运动 100 周年的大会上，有很多青年寄语让人热血沸腾。比如"奋斗是青春最亮丽的底色""今天，我们的生活条件好了，但奋斗精神一点都不能少，中国青年永久奋斗的好传统一点都不能丢""奋斗的道路不会一帆风顺，往往荆棘丛生、充满坎坷。强者，总是从挫折中不断奋起、永不气馁""面对外部诱惑，要保持定力、严守规矩，用勤劳的双手和诚实的劳动创造美好生活，拒绝投机取巧、远离自作聪明"。晓耿老师希望你们能认真学习，不忘初心，砥砺前行。

我们，青春正当时

2019 年 4 月 30 日上午，习近平总书记在纪念五四运动 100 周年大会上的重要讲话表达了对中国青年的殷殷期望和谆谆嘱托，以及对青年工作的深谋远虑。他指出："五四运动以来的 100 年，是中国青年一代又一代接续奋斗、凯歌前行的 100 年，是中国青年用青春之我创造青春之中国、青春之民族的 100 年。"

100 年前，五四运动爆发了，100 年后，五四精神不断发挥着重要影响力。1921 年李大钊在五四运动两周年时撰文说："我更盼望从今以后，每年在这一天举行纪念的时候，都加上些新意义！"

同学们，今天，我们青春正当时！习近平总书记对青年给予厚望："青春是用来奋斗的""奋斗是青春最亮丽的底色""青年兴则国家兴，青年强则国家强，青年一代有理想、有本领、有担当，国家就有前途，民族就有希望""心中有阳光，脚下有力量，为了理想坚持不懈才能创造无愧时代的人生""青年大有可为、大有作为"。同学们，你还记得这些寄语吗？这是属于今天这个新时代中国青年的使命和担当，我们要以青春之名不负嘱托、志存高远、砥砺前行！

新时代中国青年要树立远大理想。青年的理想信念关乎国家未来。只有青年有远大理想和坚定信念，一个国家、一个民族才能有无坚不摧的前进动力。2019 年 1 月，"嫦娥四号"在月球背面留下了"中国印记"，实现人类首次月球背面软着陆，这也是人类对月球探索的一个里程碑，着实让国人为之骄傲，而创造这份荣耀的团队，平均年龄仅仅为 33 岁。

现在已经到了毕业季，很多毕业生面临着人生选择，前几天，有位同学向我咨询："老师，我想去西部，我想去祖国最需要我的地方，因为我还年轻，我想将我最青春的时光献给最需要我的地方。"去年,体育学院有位女生跟这位同学有一样的想法,她选择去西藏投身体育教育事业。你愿意以朝气与志气,以使命和责任为国家发展、民族复兴注入青春力量,晓耿老师为你骄傲!

新时代中国青年要热爱伟大祖国。爱国是本分,也是职责,是心之所系、情之所归。同学们,你的爱表现在哪里呢?是奏响国歌时的激动还是对祖国山河的热爱?晓耿老师认为,我们的青年还要有不懈奋斗的昂扬斗志,这种斗志表现在每一滴奋斗的汗水里,每一步前进的脚印中。2018年,1602班的鹿帅响应国家号召决定当兵,他说,这是他一直的梦想,他想在青春里留下保家卫国的铮铮铁骨,于是全班同学为他提前拍毕业照、送他去车站,并视频记录了全过程,一时间在自媒体中被不断转发点赞。同学们,希望我们以青春为起点,以一生的真情投入、一辈子的顽强奋斗来体现爱国主义情怀,让爱国主义的伟大旗帜始终在心中高高飘扬!

新时代中国青年要担当时代责任。青年要保持初生牛犊不怕虎、越是艰险越向前的刚健勇毅,勇立时代潮头,争做时代先锋。2019年4月25日至27日在北京召开的第二届"一带一路"国际合作高峰论坛上,习近平总书记发表题为《齐心开创共建"一带一路"美好未来》的演讲,强调共建"一带一路"为世界各国发展提供了新机遇,也为中国开放发展开辟了新天地。宣布中国将采取一系列重大改革开放举措,促进更高水平的对外开放。同学们,今天,摆在中国青年的机遇更加多样,我们肩负的责任也更加沉重,勇于担当、克服重大阻力、持续释放青春力量是我们义不容辞的责任。

新时代中国青年要勇于砥砺奋斗。奋斗的道路不会一帆风顺,往往荆棘丛生、充满坎坷。强者,总是从挫折中不断奋起、永不气馁。在同学们中间流行一个词,叫"佛系",将安于现状、无欲无求用这种听起来很高雅的词来掩盖,这是很错误的思想。1919年,鲁迅在《新青年》中写过这样一段话:"愿中国青年都摆脱冷气,只是向上走,不必听自暴自弃者流的话。能做事的做事,能发声的发声。有一分热,发一分光。就令萤火虫一般,也可以在黑暗里发一点光,不必等候炬火。此后如竟没有炬火,我便是唯一的光。"同学们,这才是青年应该有的态度。

新时代中国青年要练就过硬本领。我们要增强学习紧迫感,如饥似渴、孜孜不倦学习。这一点,晓耿老师感同身受,记得刚开学,我走进学生宿舍查看学生到校情况,发现了一个现象,高年级学生的学习紧迫感非常强。按理说,大四的学生宿舍应该没有多少人,当我推开门时,他们无一例外地都在看书学习,很多同学表示,趁着现在还有时间必须拼一把。这让我想起很多同学喜欢的一位"富二代",也是破纪录成为麻省理工学院历史上最年轻的金融硕士——何猷君。在人人狂欢的圣诞夜,他一个人熬夜做习题,考试前几周,凌晨五点的图书馆依然有他的身影。在麻省理工读硕士的那几年,他几乎拒绝所有社交,一心学习,他说喜欢这样一句话:当你在睡梦中时,我一直在工作,当你在工作中,我已经付出了双倍于你的努力。同学们,当你认为别人像开了挂一样,甚至有些听起来像天方夜谭令人羡慕,其实背后都有着高度的自律和勤奋的学习。

新时代中国青年要锤炼品德修为。青年要把正确的道德认知、自觉的道德养成、积极的道德实践紧密结合起来,不断修身立德,打牢道德根基,在人生道路上走得更正、走得更远。去年年底,淮师的"包子西施"火了,并且赢得全国网友的狂赞,原来在校生宗小涵在学校附近开了间包子店,在店门口张贴了"环卫工人免费吃"的大海报,平日里她常常主动招呼环卫工人进店免费吃包子,她说:"我做的是自己力所能及的小事,通过这件事,希望让社会更多的人献出自己的爱心,让这个社会变得更加温暖一些。"同学们,我们要自觉树立和践行社会主义核心价值观,面对现在,面对未来,我们始终保持良好的道德修为和优良品格,社会才更和谐和美丽。有时我们会听到或看到恶意贷款、借钱不还、沉迷享乐的同学,但这样的同学终有一天会为自己的错误付出巨大代价。

中 篇

追梦

那年，我高考

　　2008年，我参加高考。这一年发生了汶川地震、北京奥运会，那是一个不太平但又是激情与荣辱交织的一年。那时候，我们每天读报，时刻关注着国内、国际大事，现在我还记得汶川地震中的"可乐男孩"薛枭、"小英雄"林浩；还记得那张丈夫把地震中失去生命的妻子绑在身上骑着摩托车回家的照片；还记得2008年奥运圣火在法国巴黎传递时，中国火炬手金晶三次用自己的身体护住了奥运火炬的画面……当时我感觉自己像个冲动的少年，恨不得马上赶赴救援现场。11年过去了，我现在已经记不得当年高考试卷的内容了，而这些画面却依然清晰。当时，班主任告诉我们，无论我们最终考得怎么样，但一定要记住肩上的使命，祖国的荣辱关系到我们每个人，我们每个人也关系到祖国的荣辱！直到现在，这句话一直影响着我。就是从那时开始，我的心里种下了一颗志愿心。

　　那年，我高考，但失利了。我没有选择复读，而是继续往前走。我记得那是第一次坐火车，在深夜，一个人，7个半小时，心里充满了对大学的期待，随着目的地的临近，心脏似乎渐渐地加快，好激动，我离梦想又近了。我告诉自己，高考失利又怎样？在大学里，我依然可以充实自己，努力改变，因为已经成为过去的高考分数代表不了我们的未来！进入大学，我自告奋勇加入志愿者协会，开始用行动实践着我的志愿心。

　　那年，我高考，别人家的父母专门接送，我只能自己扛着被褥到他校赶考，那时，我连行李箱都没有。到宿舍时，装被褥的袋子破得不成样子了，但并没有觉得苦，我们一行同学还相互"嘲笑"，比比谁的袋子破得最厉害。好难忘啊，现在想想，苦中作乐的同窗情谊是一辈子的宝藏，我们相互帮助、相互支持、相互鼓励，有这样的同窗，再苦的环境、再大的压力似乎都不怕了。

现在我已经忘记高考考多少分数了，也许真的没有太多地在意，11 年过去了，越来越觉得高考分数只是十几年寒窗苦读的句号，而真正的人生转折点是自己对未来的态度。最痛苦的不是高考失利，而是迷失自我，最快乐的不是成为高考黑马，而是确立理想信念。

同学们，每年高考结束，我总会想象 9 月的你来校报到的样子，你会很稚嫩，但你不会承认；你也会很拘谨，但努力表现得很自信。我们很多学长学姐总会这样评价你："小孩子嘛，慢慢就会长大。"有人说，世界上最毒的鸡汤大概就是高中老师的那句："高考能改变你们的命运，一考定终生。"你坚信不疑，可能还会错误地理解为"高考结束，以后的人生都会光鲜亮丽"。晓耿老师想说：其实，高考结束，人生才算是真正地开始。

大学，一个梦幻般的名字，很悦耳、很美丽、很自由，但你错了，大学是你走进社会的训练营，象牙塔只是象征，大学真正的意义是培养你成为社会有用的人才，因此，你必须做好准备，多读书、读有用的书，多交友、交有益之友。你需要加强专业技能，因为目前你的水平只是个菜鸟；你需要稳固自己的内心，因为鸡毛蒜皮的小事实在不值得你去伤心；你需要学会理智思考，因为你太冲动，冲动是魔鬼；你需要独立生活，因为现在的你也许还不会洗衣服……

无论高考结果怎么样，希望你更看中为高考努力的过程，在过程中找到美好，因为得到的结果永远不会辜负辛苦的付出。请永远记得：你的努力还在继续，大学，欢迎你，淮师欢迎你！

你的未来由什么决定?

今早坐公交车上班,公交车里多了很多家长和刚刚查到成绩的高考生,他们的目的地和我的一样,都是淮师。尽管细雨朦胧,温度骤降,空气潮湿,但依然没有阻拦他们来淮师咨询高考志愿的热情。

前天,我乘出租车,司机跟我说:"你是大学老师,肯定特别聪明。因为聪明才能学习成绩好,学习成绩好才能考得上好的大学,才能找到好的工作,聪明和成绩成正比的。"我当即否定了他的看法,我说聪明最多只能说明理解速度快点,但和好成绩和考上好大学真不是成正比,和未来的人生更没有直接的线性关系。司机很不能接受我的观点,我们有点不欢而散。

现在,有了孩子,当了母亲才懂得家长们的焦虑。我记得孩子还在肚子里时,我们就开始咨询幼儿园、小学的上学政策。现在孩子 7 个月了,我看人家的孩子都能拿着书翻上好一会,我想我家的孩子也可以的。就在前几天,我给孩子买了好多图案精美的绘本,脑海里顿时闪现孩子专心读绘本的样子,哇,好欣慰,好幸福,感觉自己浑身都散发着一名优秀母亲的亮光。回到家,当我兴高采烈地把书翻开放在他面前时,他一把推开,我不死心,再次放在他面前,并且指着绘本告诉他这是"大头儿子",这是"小头爸爸",结果他还是一把推开,这次还特别不耐烦。对于这个反差,我不能接受,天呐,我儿子的注意力竟然那么差,他从小就不喜欢看书,这个习惯太不好了,以后肯定学习成绩不好,学习成绩不好肯定考不上好的大学,想到这里,我忽然发现我和司机大哥的想法变得一致了。孩子才 7 个月,就因为不想看绘本,我竟然否定了他的一生,天呐! 我怎么变得那么焦虑? 教育学、教育心理学理论我学了那么多,为什么面对自己的孩子这些让我骄傲的知识竟然全部化为乌有?

昨晚睡觉前，我读到《人民日报》微信公众号夜读里一篇这样的文章《你的未来，从不取决于任何一场考试》，让我感触颇多。

昨天下午，我找了好几位同学帮我整理毕业生档案，整理完毕后，我们一起聊了很久，我们都回忆起了高考。体育舞蹈专业的几名同学说，在备战艺考的那段时间，每天至少要跳 8 个小时，衣服被汗水打湿，随手拧干再继续跳，不停地跳，反复地跳，那个时候也并不觉得苦，因为心里就想着一件事：考大学，必须考上！我问她，为什么现在大家似乎没有当初的激情，她说，因为高考太重要了，而现在，心里反而没有了方向。是呀，高考重要吗？真的很重要，它是人生的重要转折点，但我们作为过来人再看高考，它已变成了未来人生的起点，在漫漫人生中，迎接我们的还有很多很多的挑战，每一次挑战依然会成为人生的转折点。在这里，我想起抖音里一个短视频，一位清华的学生讲述考上清华之后母亲的平淡反映。他说，他很感谢妈妈，让他意识到学校好，并不代表走进清华的自己就是比别人强很多的人，虽然考上清华是一段很开心的经历，但只是一段经历，不会成为这辈子的标签，我们会有很多经历比考上清华更开心，也会有比考不上清华更难过的经历。成绩不能代表未来，真正代表未来的，是自己，是自己对待未来的态度。所以，同学们，你们要以平常心对待曾经的高考，鼓起勇气对待接下来的人生挑战。

借用《你的未来，从不取决于任何一场考试》里的一段话：唯一能决定你一生的，永远是你自己——永远是你对时间的管理和支配；永远是你在过去的岁月里积累了什么，又沉淀了什么；永远是你在目前的人生阶段中做过什么，而接下来你还要去做什么。……高考是小考，人生才是大考。只要你愿意全力以赴，你接下来所经历的每一个瞬间，都可能是改变命运的机会。

家里，7 个月的孩子逐渐展现他的运动能力，翻滚和匍匐爬的技能已经让他带着好奇心开始自主探索这个世界，他的人生不是一两次的小小考验就能决定的，顺从孩子的发展规律，理性看待孩子成长，是我最该告诉自己的。

同学们，你也要告诉自己，你的潜力很大，不要停留在高考的回忆里，更不要计较每一次考试的得与失，因为决定未来命运的永远不是一场考试。

中午出门，天晴了，阳光很温柔，很舒服。我想，走进咨询会的考生心里一定也很晴朗，因为无论考得怎么样，真正决定命运的还在未来。

你好，新生！

　　每到 9 月初开学时，晓耿老师和同学们都忙碌着准备迎新生。接下来，新生们就要陆陆续续来校报到了，大家伙儿忙得不亦乐乎，只为迎接新面孔。不知道新生们是不是早早地准备好了行李，踏上求学的旅程，正式开启一直充满好奇、新鲜和向往的大学生活。

　　晓耿老师在这里提醒新生们，除了物质上的准备，心态上的准备也很重要。朱光潜先生在进入香港大学教育系学习时，就给自己定了"恒、恬、诚、勇"这四个字的座右铭。恒，即恒心，无论做人做事都要持之以恒，百折不挠。恬，即恬淡、简朴、克己自重，不追求物质上的享受。诚，即诚实、诚恳，襟怀坦白，心如明镜，不自欺，不欺人。勇，则是指勇气、志气，勇往直前的进取精神。后来这四个字贯穿了他的一生，也影响了他的一生。所以，晓耿老师希望，在进入大学时，你也能为自己定下座右铭，并坚持遵守它，这对你生命的意义至关重要！

　　朱光潜先生还曾说："不要让这华丽丰富的世界，变成了一个了无生趣的囚牢。"是的，大学的确比高中少了些束缚，多了些自由，少了些枯燥，多了些色彩，但并不代表自由到你可以任性，多彩到你可以随意。将大学看作"华丽丰富的世界"并不为过，因为它包含了年轻人太多的酸甜苦辣，太多的汗水和感动，如果仅仅只有随性，那生活将变得枯燥乏味、了无生趣。

　　此外，在你们即将踏入高校校门之时，晓耿老师想给大家几点建议：

　　第一，学会尊重。你希望他人怎样对待你，你就要怎样对待他人。尊重他人是教养的核心，也是人际关系的重要表现。五湖四海的你们将在这里相聚，生活习性、个性特征、家庭情况往往各不相同，我们要学会尊重他人和自己不一样的部分，不评论，多理解。每个人都有他的价值观，千万不要把自己的价值观强加于别人身上,你的习惯不一定是别人的习惯,你的喜好不一定是别人的喜好,理所当然地要求他人跟你同步,是一个极其不礼貌的行为。尊重还表现在对待他人的隐私上,不打听、不猜疑,更不要宣扬,因为隐私就是他人的软肋,别人愿意把软肋给你看,就是信任的表现,我们应该用耐心和宽容回馈对方,千万不要用最坏的脾气直击对方心里最软的部分。

第二,学会吃苦。我曾经看到过这样一句话:"如果现在做着80岁也可以做的事,那么要青春还有什么用!"80岁才是养老的年纪,而你现在就是吃苦的年纪,不要怕吃苦,这是你应该做的,可以理解为吃苦是你的"义务"。你享受的生活应该是自律下的忙碌和充实,而不是打游戏、睡懒觉。苦尽才能甘来,吃不了苦半途而废不是你该做的。前段时间我在学生干部会议上讲健身气功队马上要走出国门到荷兰参加比赛的事情,很多同学听了无比羡慕,"公费出国"而且还"代表国家",真幸运! 我说,他们每天吃的苦远远超出你的想象,多少同学曾经和他们一样参加训练最终又放弃。是的,可能几十位同学中被选中,着实不容易,但为什么你不是那个"一"呢? 会上,有知情的同学描述他们训练时的情景,顿时有人瞠目结舌,觉得不可思议,是的,不是你不够优秀,而是你不够吃苦。

第三,学会学习。我看过白岩松写过这样一篇文章《不读书,你还能拿什么和别人拼?》。他说:"一个人学习不好,更多的体现了他的综合能力,比如他的耐力、他的意志、他的学习习惯、他的反思能力、他的抗挫折能力,用天生适不适合来作为借口恐怕不大合适。……大部分学习好的同学不但不呆,而且其他方面也表现得很突出,他们把学习用到了其他各个方面。我们越来越发现,不但学习拼不过人家,在其他方面也远远地被落下。"可见,学习就像树的根部,因为有它,才能枝繁叶茂,不学习,谈什么都没用! 这里所说的学习,不仅限于学习专业知识,还有更多的人文、历史等知识,它是千年文化沉淀下的精华,它会潜移默化地影响着你的言行举止,不管你是学什么专业的,请不要忘记这一点。

我在淮师上大学

　　校园里开始热闹起来了，"00后"的学生越来越多，忽然发现晓耿老师变老了，而且比你们老了整整十岁，确实心里无法接受，但无论怎么样，我都得承认这个事实，这一次，晓耿老师就做一回"老人"，跟大家讲讲我们的淮师！

　　先说说图书馆吧。未来四年，图书馆是让你又爱又敬还又畏的地方，怎么说呢，它是苏北地区最大的图书馆，藏书量远远超出你的想象，这里永远是校园里学生最多的地方。晓耿老师读研究生时曾长期在这里学习过，令我印象最深的一次是某一年的年底，图书馆里的每一个角落都坐着手捧书本的学生，哪怕是楼梯上，据说他们从早上五点多就开始排队进馆。我记得很清楚，当时找了好久我都没找到位子，就坐在偏僻的楼梯上学习了一天，倒也没觉得拥挤，反而有种被好学的氛围感染的感觉。因为在图书馆里似乎没人在乎你在哪儿看书，大家都已经全心全意地融入自己的知识世界里，这种忘我的感觉曾经让我疯狂，图书馆越是人多，我越是想来。每一年，从这里走出去的优秀同学太多太多了，他们都曾经在这里留下忘我的学习印迹。这里没有人督促，更没有人维持纪律，一切全靠自觉，自觉借阅、自觉学习，但从来没有人打破这浓浓的学习氛围。对了，过几天，你们会在图书馆认识一位淮师网红——"黄馆长"，它是一只饱读诗书的猫。

　　淮师的图书馆提供了足以让你变优秀的平台，其实关键看你是否能把握。这也许是大学和高中最本质的区别，高中时，或许你只待在教室里，但在大学，图书馆才是你天天该去的地方。因为大学教育的任务就是激活学生内心最渴望的东西，如果你不能好好利用，始终找不到让你愿意花一辈子时间并乐此不疲追求的领域，那就不好了，因为大学是连接学校与社会的纽带，也是学生走进社会的训练营,在这里你的首要任务是找到适合自己并不断追求的理想事业。

再说说运动场,篮球场可是刚刚全新改造的,在上面打球的感觉肯定不一样,这里也是非常自由的地方,约几个好友,带着篮球,只要你有时间,可以尽情玩耍。这里还有晓耿老师最喜爱的操场,踢球、跑步都可以,两块足球场,地方足够大,随你怎么"野"。忘了说了,这里可记录了同学们减肥路上的点点滴滴,可以说是男神、女神的蜕变之地。不过,在这里,你至少会有一次疯狂呐喊的时候,那就是每年10月举行的运动会,运动场上的激烈角逐足够让你喊破喉咙。还有,这里几乎每天都有学生组织的足球赛,他们服装统一,组织有序,绝对是一道靓丽的风景线。

在淮师校园里,女生特别多,但体育运动并不弱,每天傍晚,在操场跑步的学生有很多,这是劳逸结合的最佳方式。在忙碌学习中坚持锻炼的学生意志力一般都不会差,他们会比不坚持锻炼的人有更多的耐力和坚持下去的勇气,因为在平日里坚持锻炼的同学一定学会了如何在人生关键节点上拿出百米冲刺的勇气勇往直前。有人说,时间花在哪儿决定了你成为什么样的人,时间花在运动场上的同学一定会成为阳光灿烂而且敢于追求梦想的人。

最后咱们再说说校门口,巨石上的"为中华之崛起而读书"凝聚了淮师的育人精髓。是的,这是周恩来的话,淮师一直秉承着周恩来精神办学育人,周恩来的做人品格和做事风格也在学生中也一届又一届地传递着。仁爱待人、善解人意、坦诚相待、善于包容他人,是作为淮师学子学到的最珍贵的品质。走进淮师,你也走进了学习周恩来的世界,你在不久之后会发现周恩来精神将会融入你生活中的点点滴滴,你会发现总理的人格力量推动着你慢慢地发生改变。教会学生学习的同时始终伴随着教育学生学会做人,我想,这大概是淮师最具魅力的地方吧。

跟着季羡林先生品大学

最近,一次闲谈中罗文同学推荐我看一本书——《清华园日记》,他这样告诉我的:"老师,我觉得季老写的《清华园日记》特别真实,尽管过去很多年了,我们的困惑跟他当时一模一样,原来无论我们在什么时代、什么学校,学习什么专业,在大学这个年龄阶段喜怒哀乐的生活没有差异。但是季老在年轻时表现出的精神品质确实值得我们学习,当我心烦意乱时,我就会读读他写的《清华园日记》。"

我很诧异,谁说体育生不懂文学? 我当即就在网上订购了这本书,收到书后就如痴如醉地读着。

季老实在太可爱了,他把自己的生活用最平白的话记录下来,出版时按日记原文,一字不改,只是加了注释。他说:"我把自己活脱脱地暴露于光天化日之下。"看完《清华园日记》,你会发现大学时的季羡林跟我们一样,有点"屌丝"。刚刚入学时很神气,觉得自己很了不得,当面对就业困难时才真正意识到自己有多么的"差劲儿"。他曾经对老师有过偏见、有过质疑,对室友也有过忍无可忍,爱睡懒觉,体育成绩不怎么好,但还爱好打篮球,还喜欢"闲扯"。日记里"闲扯"的内容真的很多,当然季老也如实记录了自己情绪低落到极点的样子,记录了自己得意洋洋时的嘚瑟样儿,我想如果当时有智能手机,他应该也是个不折不扣的手机控。这些描述是不是很像现在的你? 是的,伟人不是生来就是伟人,他跟普通人一样,只是对待生活的态度不一样而已。

日记写于1932年至1934年,当时季老是在清华大学读大学三年级、四年级,用他的话来说就是"一个二十岁刚出头的毛头小伙子"。日记里除了自己"屌丝"的想法和情绪外,季老的好学精神着实打动了我。我想这一点,值得大家去学习。

季老当年选择了读西洋文学系，从古典文学到现代文学都是他学习的科目。课堂上基本都是英文授课，更关键的是还要额外学习外文，他选择的是德语和法语，而这两项都要从字母开始学起，于是在日记里他提到几乎每一天早上他不是读德语就是读法语，有时还读俄语，晚上时间都会做翻译，有空时喜欢旁听英语课和大师讲座。从日记里看，这些学习行为早已不是负担，而是成了习惯，似乎像每天的刷牙、洗脸一样平常，他写得很平淡，没有加任何修饰或者过于炫耀。晓耿老师在想，如果有一天同学们也把学习当成习惯，那么你离成功也就不远了。攒钱买书、图书馆借阅、逛旧书市场、到书库找旧杂志，等等，想尽一切办法都是为了多读书，当然，不是所有书他都喜欢，有时看完还给出了特别低的评价，但是丝毫没有打消他读书的兴趣。

季老在日记里特别记录了这样的一天：几天的精神都很萎靡，但晚间访长之，长之的一句话让他振奋不已，他说："一个大学者的成就并不怎么神奇，其实平淡得很，只是一步步走上去的。"这句话是长之对季羡林讲的，对于我们而言也是这个道理：所谓的成功，都不是一蹴而就的，成功的基础是在平时的学习中渐渐夯实的。

日记里虽然乍看有很多"大胆无礼"的话，但我很欣赏季羡林先生始终保持自己的想法不被别人所左右的性格。就像他评价徐志摩和周作人一样，尤其在徐志摩遇难后，外界对他的诗词加以抨击，而季羡林一直在欣赏，他总能讲出自己的道理，而且理由很充足。同学们也应该做到这样，有自己的主见，绝不能随波逐流。同学们，一味地盲目追随只会迷失自我。

日记里的季羡林先生对生活的态度很简单，烦躁时找好友"闲扯"或者读一本小说，高兴时打场篮球或者到郊外走走，每天以书为伴，这样的大学生活很安静，但真的很充实。

同学们，你呢，有没有计划读几本书，约上几个好友聊聊未来？

中德足球学院来了，我们该怎么办？

"中德足球学院"终于揭牌了，此后，我校将引进德国足球的培训体系，在足球专业课程、足球教练培训、足球裁判培养和实习等方面和德国柏林足协展开更深入的合作。同时，将使用德国柏林足协提供的足球专修课程，就像教育部体卫司体育处副处长许弘所讲的："这种独特的人才培养方式将会摆脱以前自己独立设计的旧框架，中德足球的国际性、开放性、包容性都是独树一格的。"外界对中德足球学院的成立也广泛关注，评价很高，同时期待也很高，我看到很多同学也不断转发媒体报道，尤其是转发中央一台、中央五台、中央十三台、新华社、《人民日报》等国家媒体的报道。一时间"淮阴师范学院""中德足球学院"成了大家热议的焦点，估计本校很多师生第一次亲眼目睹这么大的新闻事件的发生，但作为学生，作为"中德足球学院"的成员，我们首先应该思考的是"中德足球学院来了，我们该怎么办？"

对呀，这是机会，千载难逢的学习机会，很多已经毕业的同学发来信息说："看到我们学校有这样难得的学习机会，好想回到母校申请重修，哪怕在旁边蹭课都行。如果错过，也许很多很多年都不会再有了。"是的，当机会来临时，我们必须抓住它。在校的同学们是不是更应该珍惜眼前的机会呢？

有同学感慨："早知道，我就应该好好学习英语了，这样我就能更顺利地跟外教交流了。"我说："现在开始也不迟呀，机会总是给有准备的人，而成功是给时刻努力的人。"当然也有同学会有这样的担忧："德国教练使用全新的教学模式、训练模式和国际化管理方式，我怕自己不适应、不习惯，很多动作改起来比较难。以前凭借对足球的痴爱就上场踢比赛了，现在我得好好研究技术动作，从头开始。真的对这次机会又爱又怕，爱它因为可以系统学习真知识，怕它因为怕自己学不好。"看来,同学们对中德足球学院期待很高,但对自己又不太自信。

朱林生校长在接受中央电视台采访时这样说:"第一,从今天开始做起,不要摇摆和犹豫。第二,做的过程中不要想一帆风顺,一定会碰到很多困难,见招拆招。"晓耿老师觉得,这句话不仅告诉我们学校的领导和老师们该怎样做,同时也在告诫我们的学生们,机会摆在面前,关键看自己怎么把握,不要迟疑,做好虚心学习、吃苦耐劳的心理准备,遇到困难勇往直前,不要退缩。

美国名校芝加哥大学的一位教授到北大访问时,曾经说过这样一句话,我觉得很有道理,他说:"芝加哥大学对学生的基本要求是,做困难的事,因为一个人想有所成就,就必须做那些困难的事。"进入中德足球学院,同学们将会学习欧足联C级和B级教练员等课程,通过考核,获得柏林足协相对应的结业证书。是的,不是所有学生都能获得这个全国屈指可数的结业证书,你害怕的困难、你犹豫的理由、你畏惧的心态也将在不久的将来出现,请同学们做困难的事,这样进步的价值才会更大!

我记得演员张家辉曾经回忆自己持续抑郁的经历时这样说:"我觉得这一次的经验挺好,作为一个演员,如果你一生都没有碰到过挫折,没有碰到过难关,哪里来感觉去拍戏?"所以,同学们,好奇、期待、激动之后就是脚踏实地地学习。也许未来你在中德足球学院里有些许的不适应,如语言不通、技术动作改不过来等问题,但请抛弃内心的害怕和担忧,不要迟疑,机会会在犹豫的瞬间溜走。当你安慰自己,认为平凡可贵,并转身离开时,你也将成长的机会抛之脑后。当你努力学习、认真钻研时,你会发现,在中德足球学院的平台上,你会遇见全新的自己!

这样的体院，真好！

体育学院一年一度的迎新晚会落下了帷幕，晓耿老师忽然发现，这样的体院，真好！我们做到了团结在一起，相互支持和鼓励，只为达到最好状态；我们做到了一呼百应，共同努力和付出，只为那一刻绽放得更美。

晓耿老师作为晚会的策划和导演，参与了晚会筹备、演出的整个过程，想跟大家讲讲晚会幕后的故事。

先说相声吧，距离晚会开始一个月，我们进行第一次节目审核，主要目的是想给大家施施压，督促尽快排练，然后定下基本的节目审核标准，让同学们的排练更有方向性，而相声《话说》，当时就出现了方向性错误，这是致命的，我的态度当然也很明确。我告诉两位同学："对不起，相声里很多语言正话反说没有处理好，会把大家带偏，所以，要么重新写，要么放弃。如果重新写，要求必须贴近我们学生的实际情况，绝不能照搬其他作品，只有与同学们产生共鸣，这样的相声才具有教育意义，才能恰当地传播正能量。"许建明当时就坚定地告诉我："老师，我重新写，我想我可以做到！"我继续提出意见："我愿意给你机会，但还要提出一点要求：两人的表演没有放开，我希望看到更自然的相声。我知道说相声真的很难，原创相声更难，而体育生说相声更是极其少见，难度非常大，可我想在下一次审核节目时看到你们完全不一样的相声表演。"我的话很严肃，要求也很严格。说完，我有些后悔，这可是我们晚会唯一的语言类节目，两人如果承受不了压力，选择放弃怎么办呢？可许建明和朱行通两人听完使劲地点头，并且保证给出满意答卷。到了第二次审核时，两人给了我好几页的稿子："老师，我们表演给你看看。"当时我跟翟晓阳老师都在场，我俩顿时被他们的语言逗得合不拢嘴，一下子将我们带入听相声的感觉中。后来我才知道，许建明为了写出满意的稿子，连续几晚加班至凌晨 3 点，朱行通为了表演更自然，反反复复练习。其实他们都是第一次上舞台，第一次说相声，更是第一次原创相声。许建明说："其实就想让大学不留遗憾，在最青春的时期做最有挑战性的事，这样的大学才叫大学，这样的青春才叫青春，我愿意为它搏一搏。"

再说街舞 *LOVE ME LOVE ME*，这是排练时间最长、最辛苦的一个节目，也是一直处于被刷掉边缘的节目。开始学院打算办晚会时，姚毓璇就带领大一同学开始排练了，应该说，这个节目启动最早，排练最早。经常晚自习下课很久了，看到他们还在舞蹈房排练。姚毓璇说："队员们都没有舞蹈底子，确实有些手脚不协调，动作记不住，跟不上节奏，舞蹈里的刚与柔对于习惯于田径场的他们来说挑战性太大，不仅需要一点一点定动作、跟节奏，更要长期练习，打破以前僵硬的肌肉记忆，重新注入新的记忆。"第一次审核时，我不太满意，因为队员们的舞蹈仅仅停留在动作上，没有感情，没有力量。第二次审核时，虽然有进步，动作熟悉了，不像第一次那么生疏，但还是没有舞蹈的感觉。两周后，进行第三次审核，我严肃地指出："我看不到大家的力量，感觉不到大家的情感，这样的舞蹈没有魂，需要大家去把舞魂找出来。"我说得很抽象，他们做得却很认真，当天晚上我近 10 点离开学校时，他们还在讨论和推敲动作细节。尽管次次审核危险过关，每次都有很多待提高的地方，但没有一个同学发牢骚或说放弃，总是耐心地再排练、再思考。晚会演出当晚，他们的表现出乎所有人意料。

幕后的故事还有很多很多，每一个节目都凝结着太多老师和同学们的智慧。陈燕、李晗、汪慧、翟晓阳等专业老师也参与了指导，甚至亲自参加一次次的节目审核。此外，领导、班主任和老师们全力支持和配合，并积极做好协调、宣传和动员工作，晚会的成功，他们功不可没。

前前后后，我们共组织了六次审核，表演时间、背景音乐、舞蹈装扮、动作细节都在审核范围内，严格把控。专业水平必须高、创新程度必须高、难度系数必须高、精华成分必须高，是我一直给同学们的要求。令我没想到的是，同学们的参与热情并没有被我的严格标准所阻挡，体育舞蹈班 100 多名同学全员参与，178 名大一同学全员参与，团操专项班、龙狮社团、武术社团、跆拳道社团全员参与，学生干部全部参与台前幕后工作。学长学姐们带领大一同学，跨专业、跨学科、跨年级，传帮带，共进步，一场晚会，体育学院三分之二的同学团结起来了，这样的体院，真好！

晓耿老师为大家点赞，谢谢你们的付出，体育学院因你们变得更好。同学们，明年我们再接再厉，共创美好明天。祝大家遇见更好的自己，遇见更好的体育学院！

盘点 2017 年体院的那些"没想到"

　　新年的钟声即将敲响,2018 年的脚步越来越近。最近,晓耿老师忙碌于各类年底总结,其中一项工作就是收集 2017 年所有学生的获奖证书并进行汇总,看似简单的工作,我却和同学们忙碌了整整两天,平安夜我们竟然还加班到晚上 10 点。不是我们工作效率不高,而是同学们真的获奖无数,多到没有人说清到底拿了多少奖。当我们把所能收集到的获奖证书一张张复印出来后发现,竟然用完了一包 A4 纸,还有部分学生证书由于特殊情况,无法全部收齐。我无法形容当时的心情,虽然我是高兴的,因为从获奖情况看,同学们主动学习、积极参赛的热情异常高涨,但其实,也是无奈的,因为我到最后交材料时,也没完全统计清楚 2017 年我们到底获得了多少奖项。

　　我把我的感触概括为:2017 年体院的那些"没想到"!

　　没想到,体育学院 2017 届毕业生教师编制率创历史新高!

　　2017 年,体育学院共有 43 名师范生考上教师编制,占师范专业学生的56.6%,考编率创同期新高。

　　近年来,体育学院进一步狠抓课堂教学管理,深化教学改革,大力加强查课、听课制度,引导教师之间相互学习,改进教学方法,在进一步落实教学质量监管制度的同时,推动课堂教学改革。此外还大力推进第一课堂与第二课堂紧密结合,加大常规管理力度,通过"周周赛事"和运动会,以赛促学、以赛促练,大力促进良好教风和学风建设,不断提升学生的综合素质和毕业生就业水平。

　　没想到,体育学院走出国门,在国际上崭露锋芒!

　　2017 年 9 月 9 日至 15 日,由国际健身气功联合会主办的 2017 年第七届世界健身气功交流比赛大会暨第三届世界健身气功科学论坛在荷兰海牙举行。共有来自23个国家和地区52支代表队的240多名运动员参加比赛。设集体赛和个人赛两大类，包括易筋经、五禽戏、六字诀和八段锦四套健身气功功法。体育学院万瑜老师和曹敏敏、郑玲、孙琪、王诗琪四位同学组成的体育学院健身气功队经过2天12场次的激烈角逐，获得1个集体赛、4个男子个人赛和4女子个人赛共9项一等奖的佳绩。

没想到，中德足球学院让我校成为媒体新宠，争相报道！

2017年9月23日，淮阴师范学院中德足球学院正式签约揭牌，淮阴师范学院携手德国柏林足协共建中德足球学院。这是江苏高校的首次战略性尝试，旨在贯彻落实党中央、国务院对体育事业尤其是足球事业发展的要求，打造制度与政策特区，积极探索校园足球协同育人新模式，助推校园足球运动的大众化，逐步培植校园足球运动的主体地位。德国柏林足协提供足球专修的课程教学体系和具体课程实施方案，同时选派德国足球职业级教练员任教。未来，在中德足球学院学习欧足联C级和B级教练员及其他课程的学员，在通过考核后，除了获得淮阴师范学院正常的本科文凭，还将获得柏林足协相对应的结业证书。

中德足球学院成为全省推进落实校园足球改革、创新校园足球人才培养、探索校园足球多元合作模式的先行者，对于推进江苏省高校校园足球发展、校园足球文化建设和校园足球国际合作具有重要的借鉴意义。

中央一台、中央五台、人民网、新华网、中国日报中文网、网易新闻、新浪视频、凤凰网、扬子晚报网、江苏教育视频新闻、淮安电视台、《淮安日报》《淮海晚报》等各大媒体争相报道，一时间，中德足球学院成为大家赞不绝口的对象。

没想到，体育舞蹈专业崭露头角，赛绩辉煌！

体育学院体育舞蹈专业正式成立于2016年。就2017年一年，晓耿老师统计，体育舞蹈专业先后到南京、济南、南昌、洛阳、长沙、合肥、武汉、常州、潍坊等地参加比赛，斩获众多奖项，赛绩辉煌。两年时间，体育舞蹈专业在江苏省开设体育舞蹈专业的高校中名列前茅。最近一次的 2017 年第十三届中国大学生体育舞蹈锦标赛中,体育学院代表队在报名的 34 项比赛项目中,有 24 项进入前八名,最后获得 4 金 6 银 1 铜的喜人成绩。其中,两组团体赛,两组个人赛都斩获了金牌,表演舞《红军》摘得银牌并获得本次大赛的最佳编排奖。

　　亲爱的同学们,因为你们的勤奋刻苦、追求创新,体育学院的面貌才会变得越来越好,在体育学院里的学习生活才会变得越来越精彩,晓耿老师作为体育学院的一分子,真的很自豪。2017 年,我们不仅要为体育学院点赞,更要为同学们点赞。2018 年,我们依然激扬青春,不忘初心!

中德足球学院外教——弗尔克

寒假里,晓耿老师看到有很多同学自愿留在学校跟着外教学足球,即使是下雪或强风天气,依然准时在操场报到,总是抱着积极向上的态度和坚韧的意志力一直坚持着。我想,这就是大学生应该具备的也是最宝贵的精神品质。同时,晓耿老师在这里也特别感谢我们的德国籍外教——弗尔克,因为你的严格管理和认真教学的态度,让同学们在人生最重要的时期不仅学会了足球技能,更学会了坚持、学会了严谨、学会了脚踏实地。

晓耿老师特别请到了中德足球学院的翻译老师,让他跟我们聊聊弗尔克外教。

徐启炜:

弗尔克·皮卡尔斯基教练是德国人,一直致力于职业足球及青少年足球训练发展事业,在他的履历中,曾有很多辉煌的经历。值得一提的是,中国足球名宿、前国脚古广明在 1989 年曾在达姆施塔特足球俱乐部效力,而弗尔克当时就在德国足球乙级联赛的达姆施塔特队做助理教练,此外,他还曾在德国黑森州足协担任过长达二十年的足协讲师。来华之前,他曾在德国第四级别联赛的 TSG 诺伊施特里茨队担任助理教练及门将教练。在弗尔克教练的足球青训工作中,与德国很多球星有过交集,比如曾效力德国云达不莱梅体育俱乐部的前德国国脚马尔科·马林、效力于阿森纳足球俱乐部的德国国脚施科德兰·穆斯塔菲,以及效力于利物浦足球俱乐部的德国国脚埃姆雷·詹,等等。

弗尔克教练自来华伊始,给人印象最深的就是他对足球的热爱以及对工作的敬业。教练来华的过程也可谓一波三折,开始因为一些原因使他来华日程不得不耽搁了一段时间。在他还没到中国之前,就表示为了尽快进入工作状态,愿意牺牲掉圣诞节假期。随后在来华转机过程中,又出现了行李没有及时转机的意外情况。但是这一切的一切,都丝毫没有影响到弗尔克教练对于即将到来的工作的强烈热情。抵达淮安之后,教练果然像他说过的那样,立刻来到学校熟悉校园环境并观看学生足球课,和同学们进行了亲切的见面,学生们对新外教课程也充满了期待。

在教学开始后,弗尔克教练运用理论和实践相结合的德式授课方式。用理论课来告诉学生,足球是什么,足球是怎样的,以及培养足球教师及教练员人才的意义。理论课既有理论讲解,又有现实数据统计分析,用生动形象的授课方式,让学生们了解了足球,同时也提高了对足球的兴趣。此外,外教还通过世界杯录像,以展现和介绍、描述相结合的方法,让足球理论课没有丝毫枯燥,学生们也被外教所讲的内容深深吸引。如果说理论课展现了教练幽默风趣的一面,那么场地课上,教练展现的则是他认真严厉的一面。训练中,教练首先自己完全投入,同时要求学生以积极的态度去执行训练,对于对训练内容理解过慢的学生,教练会走上前去细心讲解并亲身示范。12月的淮安寒风凛冽,漂洋过海来到这里的教练也略有水土不服,但他从来没有一次缺席过训练课,而且每一次训练课教练都比年轻的大学生们更有激情和热情。教练的敬业精神,深深地感动了球场上的每一个人,学生们看到了这一切,也用更加积极的态度参与训练,争取用自己的努力学习,来回报教练的努力付出。对学生负责,对工作负责,对足球负责,是外教弗尔克所一直追求的。

作为外教助理,我感觉教练是一个真心热爱足球运动的人,他每周都会关注世界各个地方的足球赛事,在日常生活中经常时不时地提到和足球相关的话题。教练对于自己的日常生活也非常自律,从他将近六十岁的年纪依然可以准确做出的足球技术动作就能看出。在平时上课中,教练都是亲自为学生演示技术动作,学生通过教练的示范更好地学会了足球知识。教练在来华初期，还没有正式加入到工作中之前，就一直表达着对接下来工作的期待，一直迫不及待想来到学校，来看一下学生的日常足球课，并想立即投入到工作状态中。在工作正式开始后，教练每次训练课前，都会认真备课，在课上如果发现有准备不合适的地方，会及时做出调整，并会在课后根据上课的实际情况再调整下一次上课的准备工作。在场地课上，教练无论怎样的天气以及身体状况，都会以精神饱满的姿态投入到训练当中。我认为，弗尔克教练作为一位远隔重洋来到中国的老人，他的敬业精神和对自身的严格要求，非常值得我们当代年轻人学习。

晓耿老师：

小徐老师让我们了解了外教背后的努力。也许不是所有同学都了解我们的外教，也不是所有人都能了解学院为了成立中德足球学院所付出的辛苦。据我所知，目前，很多院校都没有真正做到国际化标准足球课程和外教亲自授课，而我们真正做到了，在晓耿老师看来，这就是同学们的机遇。学校的大力支持以及外教的努力和辛苦，已为明天的你保驾护航，同学们，接下来，你该怎么做呢？不要总把努力放在以后，抓住眼前的机会，用现在的吃苦耐劳换来未来成功的你，不是更有青春价值吗？

自律浇灌下的你是什么样子？

前阵子，我约到了 1305 班的鲍冉同学，鲍冉以第一名的成绩考上了上海体育学院体育教育运动训练学专业的研究生。其实在约他之前，我心里是非常期待又很忐忑的，去年暑假，因为他我曾自己跟自己打了一个赌。这个故事得从去年暑假的一个早上开始说起。

其实，我对鲍冉这个名字很熟悉，因为奖学金名单上总有这个人。那天，我骑着电动车赶到办公室值班，看到体育训练楼西边的小河旁有个高高的男生坐在椅子上认真地背书，心无旁骛。当然，他没有看到我，我也没有打扰他，只是从旁边悄悄走过。此后的日子里，我到学校值班，都能看到小河旁那个高高的男生。那时我就在心里打赌，他一定能考上研究生，而且就凭他那股苦学的劲儿，肯定会考得很不错。其实那时，我不知道他就是鲍冉。

上个月，研究生成绩出来了，拾琳兴奋地告诉我说："耿老师，我们班鲍冉考得最高，374 分，上海体育学院绝对没问题！"当时我就认定暑假里那个背影就是他了。后来，国家线出来了，体育专业 260 分，鲍冉高出了 114 分！再后来，他以上海体育学院教育运动训练学专业第一名成绩被录取了。

在跟鲍冉聊天的这一小时三十分钟里，感觉他很腼腆，但也很健谈，对自己的规划非常清晰，他说未来想当一名大学体育老师，实现这个目标还有很长的路要走，他要管住自己，加强自律，为考博做好准备，想成为马春林博士一样的老师。今天，从本科走向研究生，迈出人生质的突破，他最想告诉学弟学妹们的就是自律很重要，是自律改变了他。

鲍冉说，他从去年 7 月份开始复习，每本专业书至少看四遍以上，学习效率非常高。他给我列出了他考研究生复习时的时间安排：5∶30 起床到 23∶30

睡觉,中间的每一分钟都安排得详详细细,并且每天坚持如此,他把时间切割成一小段一小段,这样就会更容易专注地投入,效率自然会高。他说:"我就是这样一点一点地约束自己,一次又一次地告诉自己坚持下去。"

听到这儿,我莫名地感动。别人都说,体育生很难静下心来坚持看书,因为体育生太闹腾、太冲动,但在鲍冉身上,这似乎是以偏概全的谬论。

借着鲍冉的事例,晓耿老师想讲讲自律。感受一下自律浇灌下的你是什么样子。

晓耿老师认为自律的本质应该是做自己不愿意或懒得去做但又不得不做的事情。打一个简单的比方:早上 6:30 起来早锻炼,如果你到点了蒙头继续睡觉,就是放纵自己的行为,如果你克服自身的懒惰,坚持早起,尤其是在冬天,谁都不愿意早起,但是早锻炼又不得不去做,有勇气自动早起,这件事就是自律。

其实说得简单,但做起来就需要强大的意志力。我见过许多同学年初给自己定了详细的奋斗目标,比如瘦身 20 斤、综合测评进入班级前五名、每天阅读 1 小时等,边计划边想象着年底脱胎换骨的自己,但往往到了年底自己还是原来那个自己,基本没有变化。原因也很简单,我们往往遇到自己讨厌做的事或者受不良情绪干扰时,总是举手投降,宣布放弃。

其实我们很清楚,每个人都有天生的劣根,如懒惰、拖拉等,但同时我们也很清楚,只有克服劣根,才不至于让自己一事无成。那么,晓耿老师完全可以下个这样的定论:所有那些让我们变得更好的选择,执行起来都不容易,你羡慕的成功与自由,都是自律下的自我主宰、自我管理罢了。

鲍冉做到了自律,每天辛苦付出,考上研究生自然是件顺理成章的事情。在平时,我们过多地关注别人闪烁的成绩,那么,你有没有了解他们背后的故事?这让我忽然想起去年我院同样考上上海体育学院研究生的朱轩,他曾经说过,就连去食堂吃饭,他手里都要写几个单词,饭吃完了,单词也随着饭"下肚"了。

　　每一个成功的人都在自我约束下逐渐成才,没有自律,哪有什么成功? 没有自律,哪有什么梦想实现? 从今天开始,尝试一下挑战自己的劣根,你会惊奇地发现自己原来可以那么优秀! 你,敢挑战吗?

遇见自律的你

同学们，早锻炼坚持下来了吗？课堂上认真听讲了吗？作业认真完成了吗？有没有整日抱着手机，微博刷到不能再刷，朋友圈里的消息看了一遍又一遍？还有，有没有为现状焦虑呢？很多同学认为大学应该是自由的地方，晓耿老师认为，这里的自由应该是自律下的自由，不是及时行乐、享受当下的自由，很多人却会误认为大学里的自由是后者。哲学家康德说过："所谓自由，不是随心所欲，而是自我主宰。"而那些真正让人变好的选择，过程都不会很舒服，唯有你内心足够渴望，你才有顽强的意志力去支撑、鼓舞着自己去坚持。其实，我认为不必强迫自己去过苦行僧般的生活，但你应找到适合自己，且能让自己变好的生活习惯，比如跑步、画画、写字、健身、学英语，等等。

篮球运动员科比大家很熟悉，他曾说过："你知道洛杉矶凌晨四点钟是什么样子吗？"他自答道："每天洛杉矶早上四点仍然在黑暗中，我就起床行走在黑暗的洛杉矶街道上。一天过去了，洛杉矶的黑暗没有丝毫改变；两天过去了，黑暗依然没有半点改变；十多年过去了，洛杉矶街道早上四点的黑暗仍然没有改变，但我却已变成了肌肉强健，有体能、有力量，有着很高投篮命中率的运动员。"

你看，早起的人生真的赚翻了。一年365天，如果每天早起1小时，你就拥有了365个小时高效学习的时间。

也许你会说，很多事努力了也不见得会有好结果。同学们，我们要坚信厚积薄发的道理，每天进步一点点，去感受自己慢慢变好的能力，去靠近那些看似遥不可及的梦想。

在这里，晓耿老师想给大家几点建议：

第一,有一个明确的目标。这个目标最好有大目标,也有大目标分解出的小目标,让你知道你要做什么,要成为什么,而且愿意为了这个目标一直奋斗。自律,其实不是每天6点起床、读1小时书、跑3 000米,而是通过坚持一些微小的、可执行的行为,逐步迈向自己的核心目标。很多小事,短时间的坚持不见得有多好的效果,但只要去做,你付出的每一分努力,都会在未来的日子里以另一种美好的形式回报于你。

第二,做好足够的思想准备。思想准备中自然包含你坚持下去的勇气和自信,但晓耿老师提醒大家,最好不要有过重的思想包袱,而是把你的勇气集中在每一天中。比如坚持每天看书,你不必太过烦恼那么厚的书什么时候读完,你只要在乎每天坚持读至少20页。所以,如果你还没有做好读一本书的思想准备,那就每天鼓足读20页的勇气,等你渐渐养成读书的习惯时,就会发现原来阅读一本书,其实很简单。

第三,关键是行动。作家村上春树写长篇小说时有个早起的习惯,基本凌晨四点左右起床,从来不用闹钟,泡上咖啡,吃点点心,然后就立即开始工作。从村上春树可以看出,最关键的一点是,要马上进入工作,不能拖拖拉拉。当你有积极的想法时就立即去做,不要为自己找理由拖延,这很重要!

关于这个问题你必须想清楚

关于今天这个话题，源于前几天的一个晚上我和一位同学的简短谈话。这位同学已经在肯德基打工一年多了，工作成绩非常优秀，但是错过了教师资格证考试的最佳复习时间，遗憾地没考过，他说现在才忽然发现自己的大学缺失很多，有些后悔，现在终于认清什么才是最重要的。接下来他想好好学习，争取把错过的知识都补回来。

他的话让我想到很多同学都遇到过的同样的问题：在影响人生的关键事情上犹豫不定，无法果断做出正确决定。晓耿老师以自己的经验，粗略地将遇到这些问题的同学分为两类极端，一类极端是有些同学像巨婴一样，无法独立思考，无法清晰判定自己当前面临的矛盾或无法准确规划自己的人生道路，总是寄希望于别人指定的道路或别人给出的清晰的、现成的快捷方案。其实，人生哪有那么简单啊，生活绝不会允许任何人一直当一个茫然无措的幼稚孩子。平时我最常听到的一句话是：我爸妈说了，已经给我铺好路了，所以我没有必要那么努力，就算以后我一无是处，爸妈对我也绝不会坐视不管的。而另一类极端是太独立，深知自己需要什么，但遗憾的是"深知"的基础是基于对外界社会的冲动，认为自己早已成年，可以到社会中独当一面，可以像许多成功人士一样成为社会这个原始森林里的好猎手，同时也对外界社会充满莫名的好奇和盲目的信任，外表看是一位有着坚定信念的学生，其实这是一种迷茫的表现。但这类学生至少愿意去尝试，愿意去努力。

其实我们更多的同学是第二种类型。这种类型的学生的问题在于有决心有魄力，也有吃苦耐劳的心理准备，但是却忘记了"普通人找工作，稀缺人被工作找"的道理。报酬不是由工作的辛苦程度决定的，也不是由工作的重要程度决定的,而是由工作能力的稀缺程度决定的,也就是说,不可代替性是我们储备能力的目标。因此储备能力的培养才是大学期间的你真正该做的,而问题在于有些同学往往把自己的能力模糊地放大了。前两天,有个同学急匆匆地找到我申请请假,调查原因后,我发现他是想请假外出工作,他看到了外面世界给他的机会,但是他并不具备抓住机会的能力。"你可以在很短时间内做出精美的 PPT 方案吗""你懂得谈判礼仪吗""你会在复杂的人际关系中找到平衡吗""你能说一口流利的英语吗""你可以做到镇定自若,处事不惊吗""你有庞大的业务基础吗"。当然,都没有,那么又凭什么放弃学校优越的学习条件赤裸裸地参与社会竞争呢?

这时候,我们要不断问自己:我有没有在某一领域掌握一般人不具备的技能? 所谓稀缺,所谓竞争力,就是你能把一件事做到极致。就像王珊,把教师基本功技能做到极致,无论到哪个教育局考编制她都是香饽饽;就像叶华明,把健身健美做到极致,无论到哪个城市的健身行业她都会受人追捧。而这些,都源于他们在学校里长时间的积累与锻炼,大学期间储备能力让自己变成稀缺性人才,我想比过早地进入社会锻炼更重要!

我看到一篇文章,作者把人缘分为:劳动性人缘和资产性人缘。劳动性人缘需要时刻维持劳动状态,他所维系的人缘很脆弱,一旦在人际交往中拒绝别人或者停止施恩,就会造成之前维系的关系全部烟消云散。举个例子,有同学家里很有钱,经常请大家吃饭,从而认识了一些酒肉朋友,大家也喜欢跟他在一起玩,但是一旦这个同学连续一段时间没有请大家吃饭了,这些所谓的朋友也会逐渐离开他,这就是劳动性人缘。而资产性人缘是建立在个人的吸引力上的,这个资产包括品位、性格魅力、才华、谈吐等,这时主动权掌握在自己手里,即使什么恩惠也不施,仍然有好人缘。去年教师基本功大赛时,我们很多同学相互说,南京体育学院有位选手特别厉害,基本每项成绩都很棒,听说已经被保研了,很想认识认识他,和他做朋友一定能学到很多,这就是资产性人缘。我们每个人都希望自己成为拥有资产性人缘的这类人,但这类人需要前期的积累，也就是不断提高个人价值，靠自己的个人价值和个人魅力去吸引人缘。也就是说，如果你丝毫不在意能力的储备，那么你的人际关系也会沦为劳动性人缘，要想拥有受人尊重的资产性人缘，你必须有别人仰慕的能力特征。

竞争能力的强与弱与进入社会的时间的早与晚没有关系，而与你储备的能力的强与弱有很大关系。我知道很多同学急忙出去打工源于自己的迷茫和无事可做，但在晓耿老师看来，大学要承担你储备未来工作、学习能力的任务，这样看，这四年实在太短了，你必须利用好分分秒秒，认清自己的职业方向，好好储备能力，这样的你走出校园、走向社会，才能拥有真正的自信。

浸透奋斗泪泉的芽儿

暑假之初,晓耿老师有机会参加贫困生走访活动,感触颇多。

走访过程中,几乎所有涉及的学生都在外地打工以赚取学费和生活费,我们自然就与学生的家人有了直接的接触。很清楚地记得有位妈妈说到孩子时眼泪止不住地流,她说愧对孩子,让他比别人家的孩子吃了更多的苦,从初中毕业就开始利用假期打工为家里减轻压力,就从那时起,他就成为家里的顶梁柱,不仅学费自理,还会补贴家用。在母亲眼里,他毕竟只是个孩子,别人在游玩时,他在太阳下打工;别人在家睡觉时,他早早赶到了工作地。上了大学,回家的次数少之又少,他的卧室渐渐变成了储物间。母亲说,孩子太懂事了,不想让疾病缠身的爸爸妈妈受累,自己主动承担家庭压力,看着他边学习边打工,特别心疼。

很多次,我们根据学生留下的家庭住址一路导航寻找,但导航也是空白,因为乡村小路太窄了,有的地方甚至没有路,更不要说通公交车了。很多次,无奈之下,只能打电话让家长在某一醒目的地方等我们,可以想象,同学们回家有多艰难,虽然离校直线距离不远,但真的需要好久好久才能回到家。

走访时,我们学生的家人都特别热情,似乎家里来了贵客,喜出望外,热情地赶紧切个西瓜或者倒杯水给我们,得知孩子在校表现不错,得到老师们的肯定,更是高兴和放心,似乎看到了孩子带来的美好未来。

在走访之前,我理解的"贫困"应该是农村生活,因为晓耿老师也是农村人,清楚地记得,每到交学费时,妈妈就会把家里的粮食拿出来卖,拼拼凑凑刚刚够学费的金额。但这次走访,远远超出了我对"贫困"概念的理解,从两城交界处到县城再到城市,时光似乎让我们在一天之间从二十世纪七八十年代走到现代,贫富差距很大,但幸运的是,虽然贫困但我们的同学志坚不摧!

回到学生个人角度，独自默默扛起家庭的重任确实太累太苦了，在外拼搏时，有时需要的不仅仅是经济收入，更多的是为了赢得一种尊重。

记得我上小学六年级的冬天，家里生活很拮据，别的同学穿的都是买来的棉鞋，而我穿的是姥姥一针一线缝的鞋，为了能多穿几年，就做得大一些。一次放学，我的鞋被同学挤掉了，有人很轻蔑地说："现在，谁还穿这种鞋？哈哈，竟然还没穿袜子。"我哪是没穿袜子，我穿的是丝袜，因为早上我发现我的棉袜破了好几个洞，又没有钱买新的，就穿了丝袜出来了，结果被同学们嘲笑。

在校园里，很难从外表分辨哪位同学贫困，我能理解这种现象，因为贫困生需要为自己赢得尊重，所以他们需要付出更多努力，这也许也是他们更懂事的原因。

贫困并不能说明什么，它代表着过去，但代表不了未来，有时，我会感谢曾经的贫困，因为有了它，我更加珍惜来之不易的现在。

或许很多物质现在享受不了，但一步一个脚印的行走会更加坚定；或许假期属于拼搏，但滴滴汗水见证下的拼搏更有价值；或许现在还是只丑小鸭，但等成功的花儿开放时，梦想的白天鹅终会出现。

晓耿老师希望同学们能相互帮助、相互尊重，一起努力，贫困也好、富贵也罢，大学时的青春就是见证拼搏的青春，不努力，何来青春，这与金钱无关！

最后送给大家一首冰心的诗：

成功的花

成功的花，
人们只惊美她现时的明艳！
然而当初她的芽儿，
浸透了奋斗的泪泉，
洒遍了牺牲的血雨。

我想我们都能成为成功的花。

你是佛系青年吗？

我的朋友圈里，不知道从什么时候开始，"佛系青年"被很多人标榜，配一张看似清高的图片，标注为"佛系青年"。第一次看到这个名词时，我粗略地从字面意思理解为：好"高大上"，毕竟佛学是一门高深的学问，如果把佛学都能参透，那得是多么厉害的青年呀。后来查阅资料才明白，原来"佛系青年"和佛学没有任何关系，就是借这个"佛"字，讲一种怎么都行、不大走心、看淡一切的活法。看到这个解释，我有点失落。

我记得徐贵权教授在"践行周恩来精神，担当新时代使命 —— 当代大学生绽放青春的应有选择"讲座中专门提到了"佛系青年"。他说："对'佛系青年'的心态，应当辩证地看，它的产生是有社会原因的，同时人生有时需要看得开，放得下，不必过于较真，不可偏执。但在总体上，应当撕掉'佛系青年'的标签。青年的人生在总体上应当是进取的人生，儒家情怀、马克思主义的情怀、道佛精神是要有点。"

"佛系青年"的爆红，不仅是 90 后心理的真实写照，也是社会问题的缩影。很多学生自称"佛系青年"，似乎显示自己与其他人与众不同，但在晓耿老师看来，很多自称"佛系青年"的人并没有真正参透其内在意义，反而成了掩盖自己迷茫无措的借口。

我经常看到很多同学考研、考编后频传喜报，也看到很多同学，尤其是低年级同学的上课纪律、学习态度让人堪忧。我发现，有些同学能详细制定自己的人生规划，而有些同学总会说"现在无所谓呀""我家里人也没给我什么压力""以后的事情以后再说吧，何必想那么多"。其实，在晓耿老师看来，你不是不愿意认真听课，而是你看不到这些细小的认真背后潜藏的巨大成功，因为不好好上一堂课，感觉没有什么损失，可时间一长，就形成"无所谓"的惯性思维，久而久之也就真的无所谓了。

这几天，几个考上研究生的同学向我反映这样一件事，同学们都很积极地向他们询问考研的具体细节，但总能听到有同学感慨："原来考研那么简单呀，现在复习还早着呢，等到了时间再复习也不迟，反正不难嘛。"晓耿老师只能理解为：你在逃避，逃避你将吃苦的岁月，同时，你也在掩饰，掩饰你很不自信的心态。

从社会角度看，任何一种文化的流行，都有它存在的社会基础。生活成本增高，生活压力增大，追求快节奏的生活方式造成快节奏的思维方式。一进大学，就想得到心里向往的"自由"；一进大四，就想找到令人羡慕的工作；一进社会，就想立即有房有车有老婆。不知道什么时候开始，我们一直在默默崇拜那些立即变成功的人，把眼光死死地盯在"成功"这一光鲜亮丽的结果上，可总是看不到别人背后的艰辛付出。所以，我们总认为别人成功很容易。其实，没有量的努力，哪有质的突破？当你发现自己的现实离别人的成功很远时，你唯一能做的就是调整心态，于是"无所谓""随便""我只是不想要而已"这样的话就变成了掩饰自己逃避奋斗的借口。说到这儿，我不禁冒了冷汗，如果一边羡慕获得成功的人，一边安慰自己无所谓，这样的人该有多么失败。

我有一位同学，高考失利，迫不得已上了专科，但是心里一直有个当工程师的梦想。毕业后到电子厂里当一线工人的结局和成为理性、威严的工程师的梦想之间差距似乎有些大。遇到这样的局面，一般人都会偷偷把梦想藏好，然后偶尔拿出来感慨一下，纪念曾经的憧憬，继续告诉自己"没关系，现在也挺好"。但他不这样想，为了走得更远，他在校专转本，本科毕业后从基础工开始，一点一滴地跟着师父学习，业余时间自学工程设计，几年后，他已经可以独立带领团队，成为真正的工程师。

很多最后成功的同学总会说：机会总是给有准备的人，越努力越幸运。相反，"佛系青年"看似淡泊名利，风轻云淡，实则更多的人是借助这个借口躺在自己为自己构建的舒适温床里，还表现得自我满足。可见，我们不缺乏梦想，我们缺乏的是为梦想奋斗的魄力和勇气！

说好今天早起锻炼的呢，说好今天抽时间背背英语单词的呢。面对舒适的被窝，面对精彩的网络剧，我们总是习惯说：算了，明天吧！

这是你的真实写照吗？最终，你会发现什么改变计划都没实现，最终的最终，你会觉得什么东西似乎都不需要改变了，这才猛然发现自己早已变成温水里的青蛙，安于现在，惧怕未来。

晓耿老师相信，真正意义上的"佛系青年"不是对现实处境的妥协，而是通过努力获得真正的自信与淡定。同学们，你们说，是吗？

老师，我选我

最近晓耿老师做了两个小实验，主要目的是调查大家的主动性和积极性，从而进一步营造同学们的学习氛围。我的实验方式很简单，第一次实验是面向全院所有同学招募"学习周恩来精神"志愿小组志愿者，小组成员将奔赴周恩来纪念馆、周恩来故居，重新认真学习周恩来事迹，深刻体会周恩来精神，并将所思所感形成演讲稿和PPT，面向100多名学生将自己的学习成果展示出来。在设计活动时，我们预计至少会有30名同学主动报名参加，可通知发出后，仅仅收到12名同学的响应，而且基本都是学生干部。学生会主席刘洋满脸惆怅地问我："老师，没有多少人主动报名，咱们该怎么办？我们设计的活动是不是办不下去了？"

第二次实验是面向1602班。学校要求师范班班主任推荐2名同学参加校师范生技能大赛，目的是提升人才培养质量和师范生专业实践能力，并选拔师范技能突出的师范生。看到这个通知，我特别兴奋，这确实是我们师范生难得的学习和展示的机会，于是，我在班级通知里说：这次我不推荐，希望大家自我推荐，只有这样，大家才会更加珍惜这次机会。可是，没想到，等了一下午只有1名女生主动联系我，我知道1602班大部分同学都以考教师编制和考研为目标，并且一直在努力。为了练就一手好字，全体同学从进校一开始就一直坚持每周练习钢笔字和粉笔字；为了提升自身综合素质，大部分同学担任学生干部并积极参加训练队的训练。面对这次机会，我想，很多同学应该会非常积极，到时候，我还打算在班级内部进行一次技能比赛好好选拔一下。可谁想，报名结果并不理想。

两次实验都没达到期望的效果，有些出乎意料，那么问题到底出在哪呢？

我开始找部分同学谈话。

很多同学反映，其实他们还是愿意积极参加"学习周恩来精神"志愿小组的，但是他们不想上台表现，因为怕出丑，毕竟体育生嘴都比较笨，如果上台比赛拿了倒数，得有多丢人呀，何况，写演讲稿、做PPT，这些都是第一次接触。要做就要做到最好，做不到最好，那干脆放弃吧。同学们，这些是不是也代表你当时的想法呢？

另外，很多学生说，体育生的竞技意识比一般人都强，不少同学认为，第一名才是真的高手，第二名就会被人遗忘，如果做不到第一，参加比赛就自然失去了意义。但很少有人想到，锻炼自己才是比赛的真正目的，并不全是为了得到光鲜的第一名。

还有学生说，体育生的强项在于体育专业上，像这种靠口语和文字表达的项目，不需要太认真，毕竟不是专业嘛。但是很少有人想到良好的表达能力是一名大学生良好综合素质的必备条件，不会表达、不善于表达将成为日后发展的一个很大的阻碍。

至于第二次实验，我同样找到一位各方面技能都不错的同学，他告诉我说，不是不愿意主动报名，而是他想，班级比他优秀的同学很多，名额又太少了，想了好久，还是让给别人吧。我大吃一惊，其实归根到底还是没有自信，我告诉他：作为老师，作为班主任，从来不会要求同学们一定取得好成绩，相反，大二的你们最好多参加比赛，开阔眼界，经验比结果更重要！假设这次参加了比赛，即使最终没有取得理想成绩，但至少你看到了未来努力的方向。如果这样，即使失败又怎样呢？

我想起小时候发生的一件事，那时候我刚刚上小学二年级，学校要开运动会了，于是同学们像炸了锅一样，纷纷推荐别人参加，且越发热烈。这时，有个女生把手高高举起："老师，我选我！"她的一句响亮的话让我们所有人都大吃一惊，我已经不记得最后她的运动会成绩了，但仍记得运动会结束后的一次班会课，那是班主任特别开设的，主题就是：学习"我选我"精神。小时候，这位女生并不是我们班成绩最优秀的，但是后来经过不断的坚持和努力，她考取了徐州第一中学，然后考上了复旦大学。这位女生在小学时就失去了父亲，家庭情况是我们当中最困难的，但是日后的发展前途却是我们当中最好的。我想，"我选我"的那份自信，一直影响着她，同样我也受到了感染。

同学们，不要告诉自己输不起，其实每一位成功者曾经都经历过太多的失败，现在的你可以"输"得起，只有善于从"输"中总结经验，最后的你才能赢得漂亮。同学们，你们说，是吗？

对待学习要讲诚信

随着时间的推移，同学们对待学习、对待生活的态度差距越来越明显。我认为，态度差的同学是没有做到诚信。我们经常讲诚信考试、诚信还贷款，很少听到诚信学习。有同学说，我不想去上课、不想参加课外活动跟诚信有什么关系？

晓耿老师想讲讲诚信，帮助大家分析我们学生学习和诚信之间的关系。

小时候，爸爸跟我讲过一个故事，后来，我在作文课上写了出来，老师还拿到市里参加作文评选，虽然后来有没有获奖，我早已忘记，但那个故事一直刻在我心里影响着我。

20 世纪 90 年代，在一个还没有高速公路的地方，炎热的夏天，似乎只有知了这一种生物活着，太阳似乎能吸干土地上的每一滴水，爸爸说，他开车开了好久都没见到一个人，又累又饿，口干舌燥。不知道什么时候，远远看到有人在路边卖西瓜，他兴奋不已，赶紧下车。卖瓜的是一个小伙子，看起来很老实，看到客人来了开始介绍他家的瓜如何甜，并且拍着胸脯打包票："如果不甜，不收钱！那么多西瓜，您随便挑。"饥渴难耐的爸爸立即挑了西瓜打开准备先一顿猛吃，但谁都没想到，打开的西瓜没有熟，那就再打开一个吧，结果还是没有熟，就这样，一连打开了好几个都是一样没有熟。小伙子有些惊讶，爸爸很失望，安慰了几句小伙子，又继续开车赶路了。第二天中午，天气还是那么炎热，在返程的路上，老远又看到这个小伙子在卖西瓜，爸爸说，他有些气愤，这纯属骗人嘛。爸爸往车窗外看了一眼，忽然发现写着"本铺西瓜均不熟"几个字的木板放在很明显的位置上。爸爸说，他忽然对这个小伙子的诚信肃然起敬，第一次遇到小伙子卖西瓜时，小伙子做到了"不熟不要钱"的承诺，第二次遇到小伙子时,小伙子做到了诚信对待每一位客户。故事讲到最后,小小的我认为卖瓜的小伙子太傻了,这样卖瓜谁买呀,还忍不住嘲笑了一下,但渐渐长大后,我却越来越觉得卖瓜小伙子的那份诚信难能可贵。

现在的我成为思想教育者,越来越觉得诚信很重要,作为学生,诚信不仅体现在生活中,更是体现在学习中的方方面面。

诚信是一个道德范畴,是每个人的第二个"身份证",在日常行为中,是诚实与信用的综合表现,即待人处事真诚、老实、讲信用,言必信、行必果,一言九鼎,一诺千金。

其实在我们身边有太多的缺乏诚信的事件,只是有些时候我们没有意识到诚信缺失的严重后果。因为逃一节课,感觉没什么;少去一次早锻炼,没什么变化;早上忘记叠被子,恰巧宿管阿姨没有来检查。次数多了,随意性的习惯养成了,我们也就无法挽回当初侥幸带来的后果。

有一次我参加校团委组织的座谈会,数科院的刘蒙老师演讲完毕后,主持人问刘老师:"刘老师,很多同学反映,经常去图书馆学习,但是效率比较低,成绩还是不能大幅度提升,明明很努力了,为什么还是不能取得好成绩?"刘老师的回答让我印象深刻,他说:"我发现很多同学注意力不在课堂上,我认为一节课好好听讲,听进去了,深刻理解了,真的不需要那么长时间泡图书馆,因为每一节课都是老师精心准备的,重点、难点都会呈现在课堂上,如果不好好利用这一节课时间,课下花再多的时间和精力都有可能无法挽回。"是呀,诚信不仅仅体现在你按照时间表去上课的这件事本身,而在于你如何将自己的心老老实实地放在课堂上,将上课的内容记在心里。毕竟学习的价值不在于一次考试,更重要的是终身受益。

我还记得曹敏敏说过,研究生考试复习时间对她来说很短很短,只有一个多月,但她很庆幸每一次上课都坐在第一排听讲,很庆幸每一次老师讲的重点难点她都记在了笔记本上,很庆幸每一次训练和比赛都没有落下,不仅让她夯实了基本功,更培养了诚信对待每一件事的习惯和性格。今年,王晶既考上了教师编制又考上了研究生,曾经我为她的两手准备十分担心,不仅战斗时间无限拉长了,学习精力也被分割成两半,这期间的心理压力更是成倍增长。但平时诚信对待学习的态度,决定了她最终的成功。

同学们,对待学习一定要讲诚信,只有诚信,才能使我们不断进步。让我们以诚信收获成功,用诚信鼓起前进之帆!

暑假也是你进步的大好时期

　　每到暑假，晓耿老师总能接到同学们关于彷徨和焦虑的心理咨询，很多同学会猛然发现，原来过了这个暑假，就要承担更多的压力，似乎现在的自己根本没做好准备。比如，马上就要教师资格证考试了，还没开始复习怎么办？马上就要考研究生了，英语还没过关怎么办？马上就要准备教师编制考试了，书还没买，还来得及吗？马上就要进入社会拼搏了，能实现自己的梦想吗？是的，青春就是这样，当你还没来得及做出反应时，生活就逼着你做出决策。

　　我想很多同学已经做好暑期计划，或训练，或复习，或打工。晓耿老师想说：暑假也是你进步的大好时期。

　　至今我还记得 2014 年那年暑假，当时我还是我们学校政管学院的一名研究生，那年暑假我没有回家，借到一间办公室准备来年的就业，于是就和 2015 届毕业生有了更进一步的接触。那年政管学院专门为复习考试的学生准备了一间会议室，但是听说因为人数太多，同学们都要提前申请。每天会议室早上 6 点多，教 A 物管师傅一开门，同学们就坐满了会议室，一直到晚上 11 点物管师傅来催着关门他们才肯离开。他们中有考教师编制的，有考研究生的，还有考公务员的，大家都抱着必须考上的决心认真复习。第二年，那些暑假里每天学习十几个小时的学生频频报喜，大部分同学被"985"工程、"211"工程院校录取。去年，我专门到南京拜访一位当时考研的同学，他已经是河海大学的一名博士研究生了。他说，现在社会对博士要求非常高，他想好好利用这个暑假学习英语，准备来年出国，去学习更多马克思主义理论为专业打基础。

　　去年鲍冉以总分第一的成绩考上上海体育学院教育运动训练学专业，让很多学生羡慕不已。但在晓耿老师的记忆里，那个暑假他总是坐在体院旁边的小河旁认真背书，感觉这个世界只有他一个人，很忘我，很投入。后来，他说："暑假里，我专心只做一件事，就是学习，上体的考试科目自己从来没有学过，必须一点一滴从基础开始学习，暑假里我有更多时间和精力去钻研，没有这个暑假，我也很难考上。"

2018年6月22日，我校文学院老师葛志伟博士在毕业典礼上发表致辞，一时间成为网红，他将经典文学与网络热词相结合，道出了大学四年的真实生活。他说："生活不只是眼前的苟且，还有未来的苟且。但真的猛士就是要在苟且中夺取阳光雨露，努力地活着。你要是敢对现实张牙舞爪，现实立马把你撂倒。你要是敢对生活玩世不恭，生活立马叫你四大皆空。"

同学们，暑假将会过得很快，快到你可能觉得仅仅只是眼睛一闭一睁的功夫，也许你觉得游戏还没打过瘾，觉还没睡饱，朋友聚会还没约完，暑假就这样过去了。但有人说，真正认真对待一件事的人，真心希望暑假过得越慢越好，慢到你希望熟背整整一本书后明天再到来，慢到你希望完全弄懂一道难题后明天再到来，慢到你希望完成一天的高负荷计划后明天再到来……同学们，面对生活，面对即将到来的社会生活，你要学会储备能力，这样才不至于像个不懂事的孩子一样"张牙舞爪"或者"玩世不恭"。

暑假里，德国外教的足球集训你准备好了吗？这可是难得的学习机会！暑假里，体育学院宽敞的会议室已经为你打开，你的考研计划提上日程了吗？暑假里，丰富的专业技能训练你准备好了吗？当放暑假时，希望你的行李箱里有着满满的书香和满满的斗志！

班主任的一封信

快开学了,是不是觉得暑假过得好快,排得满满的暑期计划,你完成了多少呢? 你此时的心情如何,是从容还是忐忑? 但晓耿老师却有一丝丝的担忧。

担忧同学们还没有确定方向,这是很致命的。迷茫可以有,但只能是暂时的,绝不能放纵自己一直迷茫下去。迷茫在大一同学中会普遍存在,但大四个别同学同样也会出现。有同学会疑问:我确定不了方向,该怎么办呢? 其实你完全可以利用现有的资源去判断前进的方向,就像在迷雾中行走。我说的资源就是迷雾中你能找到的最近距离且能作为参考的物质,而在现实中,你的资源就是剖析自己、分析身边的学习机会。所以在最迷茫时,请先不要自暴自弃,仔细看看身边有没有可以充实自己的机会,或是一次训练选拔、一次专业项目选择,又或是参加一次学生活动,等等。时间久了,你会发现身边的资源越来越多,前面的路自然而然就展现在你面前,这条路就是我们所谓的人生规划。最初阶段,我们总是有些不适应或者不习惯,并没有意识到其实规划好人生的路才是我们真正应该享有的权利和自由。从小被高压的教育模式牵引着:考高分、上大学,然后呢? 就没有然后了,上大学之前的目标是老师给你的、父母给你的,但上大学之后呢,没有人帮你规划了,就只能靠自己!

还有,担忧同学们没有调整到最佳状态。晓耿老师也是一名班主任,能近距离听到同学们内心的声音。我曾经打电话跟几位家长沟通,他们普遍认为孩子上大学了,就代表着长大了,是大人了,无须给他太多的指导。上大学之前必须严加管理,因为还是个孩子嘛。那么问题就出来了,难道跨入高校校门就是成为成年人的标志吗? 肯定不是,家长们都忽视了一个问题:并没有给孩子一个从孩子到成人的缓冲期,导致学生会在大学时放纵自己,进而颓废,然后焦虑。所以，同学们，不管别人怎么看待你，请告诉自己，你是成年人，成年人的冷静、理性、成熟，你必须学着拥有。

作为班主任，我希望同学们在新学期认清自己，把握机会。我总是能在大四毕业生中听到这样一句话：机会总是给有准备的人。柴杰曾经讲述过这样一段经历，考教师编制时，有一项是自由选择项目，她选择了瑜伽，并完美地做出几个高难度动作，让在场的所有评委们刮目相看。后来某学校领导亲自找到她，希望她能选择该校，柴杰一下子从被选变为了拥有选择权。但不是所有人都有这样的待遇，除非你和柴杰一样有着令人刮目相看的一技之长。瑜伽并不是学校专业中的重点学科，据说柴杰专门利用假期外出学习，一天近 10个小时的训练让她比别人多了一项技能。后来她说："我一直为今天做准备，很早就开始分析自己、分析竞争对手，找到自身优势，厚积薄发，争取不让自己错过任何机会。"

同学们，作为班主任，还希望你们团结在一起，无论什么时候，我们都是一家人，最亲的一家人。前段时间，晓耿老师到母校所在的城市，见到几年未见的老师和同学，那种亲人般的感觉让我难忘。无论经历了外面多少风雨，再聚时还跟以前一样，仍是大学时的少年，忽然发现，毕业后同学变成了最温暖的家人。在当下，大家都应该好好珍惜在一起的时光，一起学习、一起训练、一起哭、一起笑，希望你们都是彼此最好的伙伴。

18 岁的心态

2018 年元旦前夕,很多人在朋友圈里晒了自己 18 岁的照片,大家好像对 18 岁都情有独钟,不分年龄。晓耿老师当然也晒了,不过我觉得那时的我真的好丑,没有用过化妆品,更不懂得捯饬自己,于是,我就厚着脸皮晒了一张美颜相机拍的近照,并写道:"大家都晒 18 岁,我也晒晒,毕竟刚过完 18 岁生日没多久嘛。"其实这是一句玩笑话,我想表达的是无论我们离 18 岁有多远,永远保持 18 岁时青春少年的心态,是最可贵的,因为似乎任何和 18 岁有关系的东西,都会变得很美好。18 岁的懵懂爱情总是傻傻的,就那股傻劲儿,总让人记忆深刻;18 岁的那些小心思总是被别人看穿,然后一起起哄,总让人脸红红的,那是最可爱的记忆;18 岁的友谊总是最善良和最纯洁的,因为我们总能"群来群往",那时根本不懂什么叫"孤独";18 岁的烦恼是没有一顿饭解决不了的,如果解决不了,那就两顿。

18 岁的心态一定包括拼尽全力的努力!

对于很多人来说,18 岁的记忆总有高考的痕迹。想想那时候,真的很拼,早上天没亮就搓搓眼睛进入教室了,深夜了还不忘抱着一堆试卷才能进入梦乡;那时候,真的没有别的心思,一心就想着能不能再努力一点,发誓要尝尝拼尽全力的畅快滋味;那时候,真的很执着,虽然梦想还没有完全明确,但一定会告诉自己积蓄能量然后去勇敢追逐诗和远方。我们经常听到"奋斗的青春最美丽",是呀,18 岁那年,奋斗的自己真的很美丽。很多人感慨,现在的自己不如 18 岁了,因为再也没有勇气尝试拼搏的滋味了。我想了好久,为什么呢?也许我们想要的东西太多,想要 100 平方米以上的房子,想要 50 万元以上的车子;想要别人都爱我,顺着我;想要这个世界善待我。当我们想要的太多时,就忘记了初心，忘记了要脚踏实地一点点地往前走。

忽然间，晓耿老师想到一个假设，假设 18 岁的自己写信给 28 岁的自己，会写什么呢？我想了好久，我想我会写："不知道你现在过得怎么样，但应该不会很差，因为你会积极面对眼前的矛盾，你会一直保持拼搏的姿态。我知道你和现在 18 岁的我一样，总是慢半个节拍，但毅力和恒心一定会让你夺目，因为无论 18 岁的自己还是未来的自己，依然有无限可能！"同学们，你们呢，重返 18 岁时，你们会对现在的自己说什么呢？

18 岁一定会把快乐一直放在心里！

其实，18 岁就像人生的拐点，是步入成年的驿站，过了这一年，我们不仅要明白身体和年龄进入了成年期，更重要的是心态也要进入成年期。无论 18 岁的自己是憧憬、是迷茫，还是失落和彷徨，我想一颗属于 18 岁少年的快乐一定会一直放在心里。

随着时间的流逝，我们都会和 18 岁的自己告别。渐渐地你会发现，如今的自己实在扛不住包夜 K 歌，感觉早早回去睡觉比什么都好。如今的自己更喜欢安静，实在不喜欢吵吵闹闹，想安安静静地看场电影、看本书，或者安安静静地晒晒太阳，于是脾气不知什么时候开始也变得温柔了，懂得温柔对待自己，温柔对待这个世界。在大是大非面前，能告诉自己"快乐就好"，只要开心快乐，生活一定会变得阳光和灿烂。

这让我想起一件事，晓耿老师在心理中心兼职心理咨询工作，有一次，在和同学们讨论拥有快乐心情是怎样一个体验时发现，当"我"的心情发生改变时，周围人对"我"的态度也会发生改变，所以，保持快乐心情不仅对自己，更对周围环境有着积极的意义。上个月，晓耿老师参加萨提亚模式家庭治疗培训，主讲人夏倩老师让我们把家庭结构"雕塑"出来。当"妈妈"是愤怒地"指责"状态时，"爸爸"的反应也是"指责"，当"妈妈"改"讨好"状态时，"爸爸"的"指责"状态顿时发生了变化。夏倩老师让我们演示的是家庭模式，其实在宿舍里、在班级里同样适用。当一个人态度发生改变时，环境里的结构成员也会发生相应的改变。不知不觉中你会发现,快乐心情为我们赢得了尊重和赞扬,赢得了友谊和爱情,甚至赢得了我们的未来。

同学们,18 岁的自己你们还记得吗? 我们不妨回头看看,捡起 18 岁那年的勤奋和快乐,继续带着自信出发!

雪 情

新年后的冬天,雪似乎已经完全融化,但校园里同学们堆的雪人依然在记忆中,真的惟妙惟肖、多姿多彩。大雪后的早晨起床推开窗,外面的一切银装素裹,宁静又安详。一片片雪花,那么安静、那么淡薄,不张扬、不轻浮,经过一夜的飘落,把冬天里的天与地装饰得那么素美。我的神经顿时兴奋了起来,恨不得赶紧在这白色的大地上狂奔,生怕它消失得太快,错过了这场与雪的浪漫约会。这皑皑白雪总能把我们的本性展露出来。

我对雪的记忆很多,因为它太珍贵,几乎每次下雪,我都会偷偷把它记在心里。初三时的一次打雪仗,我仍记忆深刻。当时老师为了给我们解压,特意批准我们在雪地里打雪仗,雪球飞来飞去,笑声也随着雪球飞溅开来,那可能是最快乐的初中记忆吧。雪仗打完后,回到教室写作业,有个男生的羽绒服帽子在滴水,后面的同学提醒他,并帮他查看帽子里的情况,没想到是一个正在融化的雪团,于是这位后面的同学特别正义又特别愤怒地呵斥全班同学:"打雪仗就打雪仗嘛,没有必要故意把雪团偷偷放进人家的帽子里,做这样的事太小人了!"一时间全班都在议论,纷纷猜测背后做"坏事"的人到底是谁,然后无情地指责。那个帽子滴水的男生倒表现得很淡定,站起来对全班同学笑一笑:"没事,估计人家也不是故意的,更何况,我的衣服并没有湿透,还能继续上课呢。"现在,我已经不太记得一起打雪仗的同学长什么样子了,但是那个男生的微笑我一直久久记着,我觉得那个冬天最美的事情就是他的善良和宽容,而它也和雪有关。到底是谁放进去的雪团,没有人再去追查。

每年冬天,总感觉雪天里的人们不仅快乐,而且更善良。

大雪后一早上班,很难看到出租车,我用手机打到了快车,而它离我有4

千米远，从家到淮师不过 2.5 千米，他却接了单，司机大哥说："原本我也不太想出来开车，毕竟太危险了，但发现身边好多人今天打不到车，无法出行，我就把爱车开出来了，能帮一人是一人嘛。今天雪大路滑，我会开慢点，咱们安全最重要，你说是吧。"他把我送到了体育学院门口，那是我遇到的最暖心的司机大哥。

第二天一大早，朋友圈里很多人感叹：没想到，一早上，路面没有一点积雪，为我们政府点赞！朋友说，我们有的环卫工人夜里家都没回，一直在大街上撒盐、除雪到凌晨 12 点，第二天 6 点天没亮就又拿着铁锹在城市里的大街小巷忙碌。其实不止他们，还有很多公路人员、警务人员、事业单位办公人员，甚至普通老百姓都投入了道路应急保畅的第一线。

有人说："善良恰似冬日的皑皑白雪，总是给人以最愉快的感动。"我想说："冬日，总能感受到善良变得那么本性和原始，那么无私和温暖，就像这皑皑白雪，淡化了一切尘埃，换来最素心的世界，然后默默地滋润着每一颗浮躁的心！"

我对雪的记忆总有善良的痕迹，也许，因为某一善良的举动让我记住了某一冬日的雪，或者因为冬日里的雪让我久久感动于"雪中人"的善良。同学们，你们呢？

回家过新年喽!

2018年2月14日,西方传统的情人节,也是农历腊月二十九,我想好多同学肯定已经在家里置办年货、走亲访友啦!

过年,对我们每一个人来说都是隆重的日子,带着过去一年所有的成就,细细规划新年里的人生目标,这是收获与希望的好日子,因为除了喜悦,我们还有对未来生活的满满期待。今天,大地上每一处角落都披上了喜庆的大红色,红红火火,预示着新年的好兆头!

不知道大家有没有这样的感受,小时候,过年会收到很多压岁钱,惊喜总是源源不断,但惊喜来得快,消失得也快,票票总是在眼前转了一圈儿,然后进入了家长的腰包,家长为了打消我们失望的心情,总是把"白银"换成了"铜钱",让我们自己玩去,于是我们买了一盒小炮,高兴了一上午。现在想想,那时候真好,因为开心就那么简单,我想这大概就是很多人心底的"年味儿"了!现在越来越多的同学开始感慨:角色发生了转变,从收压岁钱的变成了给压岁钱的,原来我真的长大了,已经不是那个眨着水汪汪的大眼睛到处寻压岁钱的孩子了,而是要长时间背着行囊在外的游子。这时候才终于明白,在被爱与爱的转变之间已经肩负起了一家人的期待和希望。

每到过年,总是归心似箭,为此放寒假时,我还专门开了一次班会,强调大家不要着急赶车走夜路,不要盲目拼车。我能感觉到大家其实不是着急"回家"本身,而是着急感受家的温暖,这种温暖的感觉是在除家以外的任何地方都感受不到的,它总能让人思归情切。一年来,我们可能看多了琳琅满目,品味了很多的得失滋味,不知不觉,春节里的"家"似乎变成了我们灵魂修整的驿站,尽管还会再从这里匆匆出发,但家的温暖给予了无尽的支持和鼓励,疲惫的心灵也会得到莫大的抚慰。于是，我们又可以鼓足干劲儿，继续拼搏！温暖的家，是汲取营养、动力的驿站，无论再次归来时我们是什么模样，家，永远是那最纯粹的地方，永远在那里守候我们的归来！

记得 2013 年的那年春节我没有回家，选择在外打工，一是春节期间工作单位确实缺人，加班费自然很高，二是我特别想体验一把在外"自由"的感觉。到了年三十的时候，妈妈给我打了个电话，告诉我家里做了哪些菜，买了什么新衣服，这都是小事情，放在平时我肯定会有些不耐烦，但那天晚上我心里的酸楚无法表达，渴望着妈妈能多说点，说详细点，生怕我错过哪个幸福的瞬间，哪怕她跟爸爸又拌嘴了，把她气得不行，我都觉得特别温馨，因为这才是家本来的样子嘛。挂了电话，我一个人坐在宿舍里，空空荡荡，想了好久，也发呆了好久，不知道什么时候睡着的，那时候我才真正意识到家的温暖有多么珍贵，原来我一直追求的年轻人所谓的"自由"、所谓的"流浪"在"家"面前那么的渺小。

不知道从什么时候开始，传统习俗里的年味渐渐变淡了，但"家"的意义越来越浓，无论曾经有过多么复杂的矛盾和情感，在春节这个节日里，"家"总能变成深入骨髓的留念和难忘。晓耿老师从 2008 年在外读书开始，每一次回家过年，意义都发生着变化，家人陪伴着我走过人生的每一次跌宕起伏。在这些年的春节里，晓耿老师和家人有过争吵、有过埋怨，也有互相支持和鼓励。随着父母年龄的增长，随着我的经验逐渐丰富，越来越觉得我更想做一名"爱家人、懂生活、有智慧"的好儿女。这也许就是幸福最原始的性质，它与家有关，与父母有关！

每年过春节晓耿老师都会收到很多同学发来的祝福，今年也不例外，晓耿老师也在这里祝福同学们：新年快乐，永远开心幸福！同时晓耿老师也要嘱咐大家：陪伴是对父母最大的回报，和父母说说心里话，谈谈新年梦想，和父母一起规划未来，这样的过年才是真的过年！你说，是吗？

爱情很美，必须真爱

校园里，每到情人节、5月20日或者七夕节，似乎连空气都弥漫着爱情的芳香。大学的恋爱总让人向往，更让人难忘，可爱情又像带刺的玫瑰，很美，有时也会伤人。

先讲一个故事吧。

2016级有个学生找我聊天，他告诉我他想考研了，眼神很坚定。之前的他并不是这样的，他说总感觉没有目标、没有方向，面对未来总犹豫不决，总觉得自己不如别人，肯定会输，总告诉自己既然预感到了结局，何必去尝试？而这一次，他的改变让我有些欣喜，我连忙问他是什么原因让他改变了想法，敢于挑战了。他告诉我一个让我又气又爱的理由，他说，他恋爱了，那个女孩很上进，他们约好一起考研，一起学习，一起走进更高学府深造，他爱那个女孩，他愿意为她变得更好，而且他也相信他们的爱情会因为一起奋斗而更加甜蜜。我开玩笑地对他说："我找你苦口婆心地聊了好几次，希望你能尽快走出来，你都没听进去，一个女孩的一句话让你改变那么大。"他有些不好意思了，他说："我想明白了，我要振作起来，我想变得更好，因为我要给她最好的未来。"

同学们，爱情是人类最高尚、最神圣的情感，它有着强烈的责任感，不仅对对方负责，晓耿老师认为更是要对自己负责，做最好状态的自己，才能拥有最好状态的爱情。

我们每个人都对爱充满渴望和期待，这是发自内心的，而不是盲目跟风。我在一份调查中发现，63.2%的学生的恋爱动机是"别人谈恋爱了，我也得谈"，这一点我感同身受。一次我上心理健康课，在课堂上做了一次简单的调查，当时上课的都是大一刚进校只有3个月的学生，很多没有谈恋爱的同学很害羞，似乎还有些遗憾，看到别人都有男朋友或者女朋友心里着实羡慕。这让我很揪心，我看到了在大学生恋爱观中存在的从众心理、功利心理和好奇心理。这些都是盲目和错误的，当面对未来一些不确定因素或者突发事件时，这些错误心理产生的爱情就会显得尤为脆弱。晓耿老师认为，我们必须尊重爱情的这份圣洁，而尊重的前提是你要严肃地认识到爱情的责任和义务，你必须认真、严肃地端正态度，而不是把爱情当作经验积累。

或许，你期待的爱情像琼瑶笔下的"情深深雨濛濛"，爱得轰轰烈烈、不留余地；或许，你期待的爱情像三毛笔下的"撒哈拉的故事"，爱得自由自在、简简单单。但是，当我们期待爱情最好样子的同时，你是什么样子呢？

耿老师想到几点，供你参考。

第一，激发青春最该有的斗志。前几天，我听说2013级的宋琦和孙延凯结婚了，2014级的苗中华和许娟娟结婚了，他们都有着美好的校园爱情，但更重要的是他们的爱情里都有着一起奋斗的岁月，宋琦和孙延凯一同考入淮安市市直属教育局编制，而苗中华和许娟娟一同考入扬州教育局编制。今年，王诗琪和李紫艳也一起考入了同一地区的教师编制，同时又一起考上了山东体育学院研究生。你羡慕的天长地久，你渴望的爱情模样，一定不仅仅有浪漫的牵手，更有一起奋斗的相互帮助。同学们，爱情不是沉溺在儿女情长里，而是奋斗在青春岁月里。

第二，学会建立爱的理解和包容。中国人民大学心理健康教育与咨询中心主任胡邓博士曾说："谈恋爱的过程，其实是从一个异常亲密的人身上反观自己不足的过程，你开始学会关心、照顾别人，尝试着发生由以自我为中心到兼顾他人感受的转变。"爱情是一种情感充盈的给予，一个精神匮乏或者自私自利的人是不会产生真正爱情的，所以，我们需要学会建立爱的理解和包容，学会关爱他人、给予他人，学会分享和付出，学会担当爱情的责任。同学们，爱情不是享受被爱的过程，而是勇敢去爱，去成长。

第三，充满对世界和生命的热爱。这份爱包括爱世界、爱生活、爱学习、爱工作、爱身边的人。一个有爱的人才会闪闪发光,因为他的快乐、他的热情会时刻感染他人。你需要成为这样的人,你要成为带给身边的人源源不断正能量的那个人。在这样的爱情里,你会找到爱情的喜悦和价值。同学们,当我们内心有爱的时候,爱也会悄悄来找我们。你们说是吗?

在爱之前，我们要学会让自己变得优秀

五月，是个浪漫的月份。这个月里有母亲节，我们可以在任何场合不娇羞地说声：妈妈，我爱你。五月里还有5.20，5.25，5.27，中文谐音的"我爱你""我爱我""我爱妻"，俨然成了"情人节月"，"单身狗"们似乎又得经历一次彻底的"被虐"了。

记得上学期开学，刚刚进入大学的同学对大学充满了很多爱的幻想，似乎上了大学就能轰轰烈烈地谈一场恋爱。没过多久，有学生就已经迫不及待地问我："老师，能不能给我介绍个女朋友呀？"我的回答很简单："别着急，等你把自己变得优秀了，爱情自然会来的。"

现在我还清晰地记得去年某一天的晚上，我在校园里听到一个女生在痛哭，一个人蜷缩在角落里，哭声传得很远，实在让人心疼。我走过去，小心地安抚她，哭成小花脸的她有点难为情："老师，我失恋了，我很喜欢他，而他不喜欢我。"后来她又故作镇定地告诉我："没事的，老师，我爱过了，哭过了，现在我要振作起来，重新出发！"

那时候我觉得这个女孩傻傻的，她抱着纯真的愿望去经营一段感情，到最后却留下了一块深深的伤痕，似乎好不了，也忘不掉。我很疑惑，为什么不能洒脱一点，活出女王范儿呢？继续跟这个女孩聊天，发现她有些自卑，无论长相、学习成绩还是其他方面都觉得自己很普通，那个她深爱的男生没有从她身上找到闪光点。

《欢乐颂》的热播，引来了很多人的思考，为什么安迪的爱情那么美好，爱她的人都如此优秀、如此赤诚，而其他人遇到的恋人都那么挑剔？其实答案很简单，安迪足够优秀、足够美丽，处处散发着迷人的魅力。

无论男生还是女生,都渴望一段浪漫的爱情故事发生在自己身上,但我们在爱之前,有没有做好爱的准备呢?想要被爱,首先要学会自爱。不要为了爱情卑微到尘埃里,更不要委屈自己讨好对方,而要昂起头做好自己!没有底气的爱情,只能像樊胜美、邱莹莹一样患得患失。

如果把五月的这些日子简单地归纳为对恋人的爱,那么"爱"的意义真的太狭窄了!

体育学院很多男生看起来都很坚强,因为强壮的臂膀总是能很好地遮住他脆弱的内心。

沈皖苏前段时间一直状态不好,总是心不在焉,精力无法集中在学习上,还总是请假回家。他告诉我他的奶奶病了,很严重,只能到南京做手术,而爸爸为了照顾奶奶胃病又犯了,也住院了,妈妈要同时照顾两个病人,他恨自己无力支撑这个家,于是不断告诉自己,必须努力拼搏,让最爱的奶奶和爸爸康复,一家人重新团聚在一起。

现在的他变得沉稳很多,脚踏实地从基础开始学起,他说:"只有这样,我才能让自己更有能力飞得更高,爱家人,就是让自己变得更优秀,让家人有依靠。"

在晓耿老师看来,爱是握在手心里的暖,是默默地不求回报的付出,但在付出之前,我们要努力把自己变得优秀,这样的付出才更有价值。

请不要和青春说再见

好几天前，我发现小区门口贴了张很大的"重要提醒"，提醒大家近期不要装修，不要进行噪声大的活动，我忽然意识到高考即将来临，猛然发觉似乎所有人都很自觉地保持安静、严阵以待。

我想，这些即将走进高考考场的学生们一定向往着大学生活，一定在心里悄悄规划着美好未来，因此，他们愿意拼尽全力地努力、再努力一点。

现在，站在大学校园的我们，回首当年的高考，还记得当初走进考场的你是什么样子吗？

现在的你还是当初的你吗？有些同学走进大学，却忘记了当初的誓言，开始没了自律，开始学会享受，学会逃避，学会推脱，想着大学的时间足够长，完全可以来日方长；有些同学走进大学，却忘记了青春最美丽的就是奋斗，开始学会攀比，比手机、比妆容、比名牌、比化妆品……有些同学走进大学，却忘记了时间如白驹过隙，校园里的花儿开了又开，后悔没有驻足欣赏它的美，却被泡沫剧、无聊综艺占据了大量时间。

晓耿老师想对非毕业班同学说：走进六月，天气骤热，初夏的热情与你的青春撞了个满怀，校园里有穿着学士服的毕业生，他们拿着手机到处记录校园风光。不知道你会不会猛然觉悟，原来就是那转身的功夫，就是在那忽然想松懈的时间里，一年又过去了。你必须告诉自己，要不忘初心，要用奋斗的画笔涂满青春的画卷。同学们，让图书馆承载你埋头苦读的日子，见证你一点一滴的进步。我想，每天晚上，当图书馆马上关门，管理员阿姨催你离开时，一定是你最难忘的，因为那时，脑袋是满满的，夜晚是安静的，脚步是最轻快的，这样的青春才不会后悔，更没有遗憾。同学们，请永远记住你专心致志看书的自己,因为那是青春里最美丽的样子。

晓耿老师想对毕业班同学说:又到一年毕业季,又逢一时禅鸣节,又一次走到了人生的转折点,这个六月,你将不得不和还没有来得及走过一遍的校园说再见,或许你还在期待明天大家一起去食堂排队打饭,或许你还把自己定义为一名学生,或许你还没有准备好离开,但你将不得不面对外面的世界。

同学们,请不要和青春说再见,因为青春里有你的壮志豪情,有你奋斗的汗水,有你敢作敢当的自信,有你活泼善良的品质。

对于走进社会，你准备好了吗？

毕业前，好多毕业生来办公室整理材料，我们边工作边聊天。仲春雨拿着手机让我们看录用她的单位提供的宿舍，宿舍是老房子，好像还没有家电和家具，她有些无法忍受，情绪还有些激动。但是其他同学毫不客气地批评了她，宋琦说："你们单位至少提供房子住，我们什么都没有呢！"柴杰说："我们单位提供的是学生宿舍，没有你自由。"后来，大家一致认为：有房子住就不错啦，毕竟还只是职场新人。

对于走入社会这件事，校园里的小美好似乎只能留在脑海中回味了，有人也会感慨，幻想和现实相差很远。

春雨和家人经过激烈的争辩，终于得到允许在外面租房子住了，因为没有钱，只能合租。周末，我去看她时，她说再也不能像以前那样大大咧咧、自由自在的了，现在要学会知书达理、礼貌待人，因为她现在是老师，哪怕在出租屋里，也要约束自己。

是的，毕业之后，我们必须懂得自我约束，因为我们有了新的身份，言行和举止必须符合新身份。

记得晓耿老师大学刚毕业时，心态好久都没有调整好。以前到哪儿都有同学陪伴的城市，忽然间，只剩我一个人了，有点不适应。于是我花了好长时间去学着适应一个人吃饭，一个人逛街，一个人上班下班，一个人处理小情绪。时间长了，不知道什么时候发现自己不愿意接受外面的新事物了，总想一个人躲在家里一遍遍刷着电视剧，或者睡个昏天黑地，反正不愿再去那个再熟悉不过的小饭馆、饰品店，还有那个曾经逛了八百回都不会厌烦的大街。后来，渐渐地，与新同事熟悉了，偶尔，跟着他们吃个宵夜，业绩好的时候还可以五六个人一起吃自助餐,他们的言谈悄然间影响着我,让我卸下过去的盔甲重新融入新集体。

是的,毕业之后,我们可能会害怕孤单,但一定要学会适应新环境,因为毕业后就不是象牙塔里懵懂的少年了,我们需要和新环境中的同事们一起合作、一起共赢。

有人说,毕业五年,是拉开同学之间距离的关键时间段。我想毕业这5年里,我们既有很多的待定,也有很多的决定。或许,你已经找到理想的工作,但请你继续保持对这份工作的热情,百分百地投入,当遇到现实的压力时,不要过早怀疑自己当初的决定;或许,你找了份不太如意的工作,那么你就要告诉自己,从这里出发,好好地沉淀自己,从这份工作中汲取有价值的营养,厚积薄发,只要出发,就有希望到达终点。

是的,毕业之后,我们依然要怀抱梦想,因为我们身上有太多的潜在可能性没有被自己发掘。

《人民日报》微信公众号夜读里曾刊登过这样一篇文章,叫《对于青春和大学的怀念,我们至死方休》,晓耿老师想和大家分享其中一部分内容:

毕业就像一道门,往里是游乐园,往外是大熔炉,我们从这里走向不同的人生。这一路丢丢捡捡,只有自己知道,自己曾有什么,现在还有什么。

别害怕孤独!

如果一个人连自己都应付不了,又该如何去应付外面的世界? 寂寞可以用娱乐排遣,只是,年轻如此金贵,何必想方设法地浪费?

别忘记梦想!

在风华正茂的时候,我们都一样,恰好很缺钱。只是有些人是暂时缺钱,有些人是缺乏赚钱的耐心和能力;有些人焦虑的是如何变得更强,有些人焦虑的是不能一夜暴富快速发财而已。别让钱把你逼得更现实,让钱把你逼得更务实。

我承认,在社会中远没有在学校那么简单,不是只要努力学习,就能取得优异成绩。在新的跑道上，过去的一切心高气傲和学有所成对于迎击现实的社会都不够看，也不够用。最有用的反而是自己当初与千万人竞跑跨越独木桥时的坚忍悍勇，最有用的是自己那颗虚无缥缈的上进心，好学而勤奋。这会是我们依然保有信心的底气。

好惭愧，晓耿老师尝试着写了好久的毕业感言，最终都被擦掉了，似乎说了好多都表达不完心里的嘱托。现在，我在忙碌地整理你们的毕业档案，但内心还是无法承认你们已经毕业的事实。

毕业了，生活、感情、职业等都存在太多的不确定因素，当然，未来也充满了各种可能。你要学会一个人面对未来，无论前面是诱惑、是阻碍，还是疑惑，你必须学会选择，坚定梦想不放弃！

我与孩子们的约定

2019 年 6 月,体育学院"快乐体育"志愿团队走进古寨的老圩小学,为那里的孩子们带去欢乐的同时我和志愿者们也陷入了沉思。

老圩离淮师只有 35 千米,处于淮安和宿迁的交界处,其教育资源似乎还处于 30 年前。如果不亲身经历,我很难理解乡村教育的"失血"状况,适龄学生的流失、编制教师的缩减、硬件条件的简陋,让人堪忧,与城市教育资源的投入相比,这里各方面都落后很多。

党的十九大报告提出推动城乡义务教育一体化发展,高度重视农村义务教育,并强调努力让每个孩子都能享有公平而有质量的教育。近几年,如何更好地发展乡村教育也成为两会上热议的话题。晓耿老师看到,很多乡村开始建设美丽校园,加强硬件资源的配备,提升乡村教师的工资待遇,但是,作为教育短板的村小,其各方面资源的匮乏不是一朝一夕就能填补的,老圩小学就是乡村教育改革的道路上一个比较典型的学校。

老圩小学一共只有 46 人,包括十几名幼儿班的小朋友。严格来说,这里还算不上是小学,因为没有五年级和六年级,教师 5 名,其中 3 人为编制教师,2 人为代课教师,也就是说,每名教师都要承担多年级、多门课程的教学任务。祁校长告诉我,这里的孩子大多为留守儿童,由爷爷奶奶带着,而有些孩子的爷爷奶奶已经 80 多岁高龄了。在农村,稍微有能力的家庭都在城里买了房,让孩子到城里上学,买不起房子的家庭,如果孩子成绩优秀,也很快转到城里条件好的学校继续培养。近几年,老圩小学接受了社会各界的资助,教室里有了新的吊顶、新的书架、新的课外书籍、新的书包,幼儿班里还有新的液晶显示器,校园里有了滑滑梯,但仍然无法阻止校园逐渐萎缩的现状。老圩属于刘老庄镇,在镇上,有更宽敞的教室,有更丰富的教育资源,但路途比较遥远,上学、放学很不方便。这里虽然落后,但离家近,更重要的是这里每年都能走出很多优秀学生,村民们对这里有情怀,更有信任。

我们租了辆公交车,给孩子们带来了体育器材。公交车太大,进不了校园,只能停在很远的地方,孩子们早早地在门口排好队迎接我们,小小的个子,瘦瘦的身板,但欢迎我们的声音却特别洪亮,一下子震撼了我们的志愿者。关于此次"三下乡"社会实践活动,志愿者们讨论了整整一周,并制定了详细的活动策划,同时也做好了一切心理准备,但还是止不住那种说不出的感触和激动。

"快乐体育"的志愿者们根据孩子们的年龄特征和认知水平,设计了多种科学的体育锻炼模式,让学生在体育运动中体验到参与、理解、掌握以及创新运动的乐趣,最大限度地尊重学生主体地位,激发不同年龄层次学生的运动兴趣和学习的自主性、创新意识,使他们在养成运动习惯的同时,培养良好的道德品质。

每个孩子都很开心,志愿者们不仅教会了他们趣味的体育活动,在运动中还教会了他们积极、向上、团结、互助、懂规矩、讲礼貌。我记得毛泽东在《体育之研究》中这样写道:"体育一道,配德育与智育,而德智皆寄于体。无体是无德智也。"人的全面发展从体育运动开始。

除此以外,让我更难忘的是老圩小学的校长——祁校长,他告诉我他已经在这里工作 30 年了,1989 年来到这里,校园里的这些孩子们的父辈基本都是他的学生,他还有 2 年就要退休了。我打趣地回应:"我出生的那年您来到了这里。"他笑着说:"我的孩子跟你差不多大,现在三个孩子都和我一样,从事教育工作,我很自豪,我也为他们树立了榜样。"

祁校长家住在沭阳,但每周只回家一次,平日里住在简陋的宿舍里,他说:"这么多年,我始终告诉自己,最难带的学生我来带,最难教的科目我来教。"他给我的感觉不像老师,更像父亲,亲力亲为,排除困难,一直坚持陪伴着这里的孩子们。我好奇地问他："您每天坚持陪伴在孩子身边,您的家人怎么看?"他自豪地告诉我,他的夫人很支持他,孩子们更以他为榜样,尤其是儿子,苏州大学研究生毕业后,选择了新淮高级中学继续接起教育的火种。

我和祁校长聊了一上午,聊到了农村留守儿童的状况,聊到了乡村教育的局面,其中,他的一句话让我很受启发,他说:"像我们这样的村小面临很多不确定因素,各个方面也都比较滞后,但我始终铭记着,教育的本质不能改变,那就是教育学生如何做人。"这让我想起俄国著名教育家乌申斯基的一句话:"在教育中一切都应以教育者的人格为基础,因为只有人格才能影响人格,只有人格才能形成人格。"祁校长说,这些孩子有着不一样的出生背景、不一样的家庭因素,成长的道路中往往缺乏引导和鼓励,作为教育者,在教会孩子们学会知识,走向更远的同时,更要教会孩子们如何做人,教会孩子们始终保持艰苦奋斗的精神、积极乐观的心态、诚信友善的品质,用乐观、豁达的胸襟去面对未来的人生。

11点,孩子们放学了,我们的快乐体育课也结束了,校门口站满了等孩子放学的爷爷奶奶,孩子们不愿离开,而志愿者们也不愿说再见,于是在校门口停留了好长时间。大一点的孩子骑自行车回家,个子也就比自行车高一点儿。有个女生自行车链子掉了,志愿者连忙帮她,她推车的那个瞬间,自行车显得好大、好重,女孩很懂礼貌地跟志愿者说了好多"谢谢"。校门口的孩子们已经走远仍回过头,向我们挥手,大喊"再见"。

志愿者们在放学后参观了教室,书本放得整整齐齐,黑板上还有孩子们认认真真一笔一画写的粉笔字,角落里没有涂鸦,没有纸屑,工工整整。虽然条件简陋,但一切都那么整洁、干净,我想这就是祁校长所倡导的"教会学生做人"的体现。

后来,志愿者们告诉我,他们第一次感受到"渴望"的眼神,课堂上,他们说出去的每一句话,孩子们都听得那么认真,就像在石缝里认真生长的小草,对每一滴水、每一缕阳光都分外珍惜。

　　我想起了我的小学二年级，那时候，几位志愿者来到我们村小，他们教我们画很多好看的画，还跟我们讲了很多故事，他们开阔了我的视野，打开了我的好奇心，也悄悄种下了一颗老师梦。

下 篇

圆梦

体育中考里监考员们的担当

过去的十几天,对于 2014 级体育教育专业的同学来说,可能是最难忘的经历,他们有着太多的感慨、太多的启发,还有太多温暖的故事。

2017 年 4 月 8 日,淮安市体育中考在 8 个考点全面开考,首次使用电子仪器设备,取消手工操作。担任淮安 43 000 多名学生体育中考监考任务的,就是淮师体育学院 2014 级体育教育专业的 50 名同学,他们历经十几天,成功完成了这一艰巨任务。

从早上六点半离校,直到天黑才回到学校。近三周的时间,这 50 名同学基本处于"失联"状态,不能使用任何通讯工具,更没有时间休息,有时一天要完成 4 000 多名学生考试的量。这段时间的天气变化似乎也让人很难琢磨,有几天,天气出奇的冷,像是回到了深秋,还有几天,温度达到近 30 摄氏度。但无论什么天气,我们这 50 名同学都在室外坚守着自己的岗位,都在考生人生关键点上承担属于自己的责任。

有时,我在想,我们的学生会不会因为怕晒黑、怕起得太早、怕体力不支等原因坚持不下来呢? 事实证明,我多虑了,在此过程中没有一位学生提出放弃,反而我看到很多学生非常积极主动。这时候,我又一次感受到"快乐体育的担当"的深层意义。

晓耿老师采访了 50 名监考员代表柳鹏飞同学,让他来谈谈这段时间的感受。

晓耿老师:

持续那么长时间的中考监考,你有哪些收获呢?

柳鹏飞：

我的收获非常多，通过这次监考，我感受到了一种责任。作为体育学院学生会主席，每天负责组织大家一天的工作。通过这段时间的监考，我了解到淮安市各个县、区的体育课状况，让我感受到了作为一名未来的体育教师的重大责任，也更加坚定了我要成为一名体育教师的信念，立志用我们的行动去创造社会价值。还有一点，我收获了非同寻常的同窗情谊，我们体育教育专业50名同学，一起同甘共苦，一起在烈日下监考，一起吃饭，一起住宿。每天互相分享自己的判罚感受，分享自己的喜怒哀乐，这种感觉真的很幸福。

晓耿老师：

同甘共苦的感觉最幸福，那么，在监考过程中什么最触动你？

柳鹏飞：

最触动我的一方面是考生，一方面是我们的同学。每一位考生，对于我们来说他只是近四万分之一，而对于每一个家庭来说，他就是唯一，就是百分之百，我们的每一次判罚都有可能改变一个学生的未来、一个家庭的命运。

我们的监考员每天中午只有短短半个小时吃饭、休息的时间，之后又要继续监考，有时非常困，非常累，但为了对考生负责，我们必须振作精神，有的同学甚至不停地拍打自己的脸，用最清醒的态度认真做好每一次判罚。

晓耿老师：

太辛苦啦，那么，你觉得大家通过这次监考，有哪些变化？

柳鹏飞：

通过这次监考，我觉得大家都晒黑了，嘿嘿，开个玩笑。言归正传，我认为我们绝大部分同学都变得更有责任感，心中默默树立起了自己的理想与信念。

很多同学通过这次机会,变得更有责任感,更有担当,变得十分有人格魅力。同时,我与许多同学平时互相交流发现,在他们的心中已经有了将来成为一名体育教师的目标和计划。

比如,我们班有位同学曾经对未来非常迷茫,大一时还曾经出现严重的厌学情况,后来经过班主任和同学的帮助,他喜爱上足球,但还是对自己的理想信念比较模糊。通过这一次的锻炼,他似乎换了一个人,变得特别阳光、自信。他在做监考员时,担任过检录和篮球裁判,在这过程中他真切地体会到每位考生对未来理想的憧憬,体会到为孩子们圆梦就是他的责任和担当。

晓耿老师:

大家的表现让我又一次理解了什么是担当。担当是一种态度,更是一种强烈的责任感,它不仅体现在心里,更体现在实实在在的行动上,它是意志的锤炼,是超越自我的勇气。经过这十几天的锻炼,大家都变黑了,但对自己的理想信念变得更加坚定了,对自己肩上的担当有了更深刻的理解。我想,此刻参加中考测试监考的每一位同学都有满满的自豪感,身为体育生,作为未来的体育教师,他们已经开始积蓄能量、等待飞翔了。加油,同学们!

我怎么变了？

我想大家或多或少都有这样的感受，某一天忽然发现身边的某位同学变了，变得成熟了，变得理性了，或者变得沉稳了，不知道从什么时候开始他的手中从拿着手机变成了捧着书本，从沉溺在游戏世界里的网虫变成了图书馆的常客，从KTV里的麦霸变成了健身达人，从老师最头疼的学生变成最上进的学习榜样。

我们都处在美好而又短暂的青春里，在这段时光中，可以肆无忌惮地任性，也可以自我约束地发奋图强，当然也可以无限制地挥霍。不可否认，青春里的你最年轻、最有魅力，以至于你可以"豪言壮志"，但同时又不得不承认，青春里的你做任何决定都将会重塑以后的人生，所以，青春时需要讲理想、讲信念，这样，才不会迷失方向，才会按照最初的梦想轨迹前进。希望你不要当流水年华逝去后，猛然间如梦初醒时，才发现只剩自责和无奈。这让我想起习近平总书记曾经告诫青年学生的话："青年时代，选择吃苦也就选择了收获，选择奉献也就选择了高尚。青年时期多经历一点摔打、挫折、考验，有利于走好一生的路。"

晓耿老师相信，青春里的你肯定也变了，你不会轻而易举地相信所谓的"一帆风顺"，你会对舒适说"不"，对困难说"我可以"，你会以梦为马，不负韶光。青春不淋漓尽致不痛快，青春不奋斗不息不耀眼，不将就、不堕落、不放弃，这才是青春该有的样子。

晓耿老师请到了一位曾在青春里犯过错误但现在正努力拼搏的同学，他叫金学寒。现在可以用"士别三日，当刮目相看"形容他了。到底在他身上发生了什么呢？让他聊一聊他的青春故事。

金学寒：

从前的我每天都是浑浑噩噩的，到点就去上课，下课就待在宿舍打游戏、睡觉，甚至有时候课都不去上，一时间找不到人生的意义，对未来很迷茫。我想很多同学都跟我一样，一时间不知道自己该做些什么，看到有些同学每天都很忙，忙着做裁判，忙着代课，忙着练自己的专项技能，忙着各种考试，其实，我真的很羡慕他们。他们虽然累，但他们知道自己该做什么，知道为自己的目标奋斗。每天都过得很充实，我也很想像他们一样。

前段时间，我参加了学院安排的淮安市体育中考监考，其实一开始接到通知时，我是抱着好奇的心态，在监考前一天的动员大会上，我才明确认识到了这份工作的重要性。体育中考的分数是计入每一位学生的中考总分的，每一分对每一位学生来说都是至关重要的，不能因为我的一次疏忽就耽误了一位考生的前程。所以，当时我就下定了决心，一定要打起十二万分的精神，不能再像过去那样马虎了。而且，这次考试是由全市统一发放器材，统一安排裁判，严格遵循统一标准，实施电子化的考试。我也丝毫大意不得，必须做到真正的公平、公正、公开。

我所参与的工作是关于篮球考试的监考，简单来说，我的感受就是痛并快乐着。裁判组发了一面小红旗给我，我的任务就是观察学生在运球过程当中有没有犯规，如果犯规的话，就举起手中的红旗示意一下，并且告知犯规在何处。说实话，每天十几个小时，眼睛确实受不了，很酸很疼，尤其到了下午，就不由自主地流眼泪。但我知道我自己肩上的责任，所以每天都在坚持，一点都不能松懈。

监考时天气已经很热了，太阳也很晒，学院特别体贴地为我们买来了防晒霜，虽然每人还是黑了一圈，但是每次看到考生满分过关时都流露出开心的笑容，我也从心里面为他们感到高兴，这也给了我更多的动力让我坚持下去。而看到有学生三次犯规的时候，他们哭着求我再给他们一次机会，虽然我很想帮助他们，但我知道我不能那样做，这样对其他同学来说就太不公平了。监考中太多的快乐、太多的心酸,让我更加坚定了做好这份工作的决心。

就这样,每天一醒就奔赴考场,直到天黑才回到学校,洗个澡倒头就睡。不是考生,胜似考生。这对中学生来说是一场测试,对我们来说也不异于一场考试。日复一日,很快大半个月就过去了。

通过这一次的经历,也让我明白了做人要脚踏实地,一步一个脚印,我们的大学生涯已经接近尾声了,不能再这样糊涂地混下去了,亡羊补牢亦不晚矣。就像这次做裁判一样,虽然每天起早贪黑,但是我心里面感觉很踏实,也很快乐。我还要感谢我们班的柳鹏飞同学,他是一个非常负责的人,给我做了很好的榜样,也让我受了很大的启发。我们在大学生活里不要总是想着偷懒,混个毕业证书,要给自己一定的压力,多做一些事情能够让我们学到很多东西。多学一点技能与经验,提高自身的素质,艺多不压身,我相信在以后漫长的生涯中肯定能够用得到。这次的裁判工作令我幡然醒悟,以后,我一定要做出改变,对待生活与学习就要像做裁判时那样认真负责。再次感谢所有老师与同学,给了我这次机会,让我有了这番改变!

晓耿老师:

其实任何人在青春时期都有过焦虑、迷茫、困惑,但年轻是试错的资本,通过碰碰撞撞的探索和深夜里反反复复的思考,一定可以走出弯道向着光明的未来走去,因为梦想只有在每次的泪水、欢笑、彷徨、深思中才能明明白白、清清楚楚。

你有兴趣爱好吗？

晓耿老师请到了赵航同学，他曾经有过痛苦的挣扎，有过焦虑的徘徊，但今天，赵航成了体育学院最知名的同学，因为他是体育学院台球运动项目的代表。

爱因斯坦曾说过："兴趣是最好的老师。"赵航这一年的变化完全可以证明这一点。

赵航：

大一时的我其实很茫然，毫无目的地虚度了一年的美好时光。因此耿老师找我谈了很多次话，同学们也经常说我不该这样颓废。

记得去年参加完五四大合唱表演，我们拿到了一等奖，大家兴奋地在一起欢呼。就在那天晚上，兴奋劲儿散去，王润秋学长忽然问我们有没有理想。有的同学一脸茫然，有的同学有想法但不敢去追求。学长告诉我们，人活着要有理想、有目标，不然跟死人没有区别，并且有了目标之后还要努力去实现它。我听了很有感触，便跟王润秋学长说，我对台球感兴趣，但不知道怎么诠释它。学长说："那你可以创建台球社团啊，你喜欢交朋友，正好以此平台去结交更多的朋友，打开自己的眼界，而且这对能力也是一种考验。"我说，我怕我做不好，也不懂社团该做什么。他说，你不去试试怎么知道自己不行呢？如果真的不行，那你更应该去做，自己哪方面不足就得主动去克制，要大胆地突破自己。后来我在学长的鼓励下创办了体育学院台球社团。

如今台球社成立已经快一年了，现在想想自己的大学，真的很有意义。我带领社团同学参加了上个月淮安市大学生台球比赛，我们团队9人，包揽了冠亚军。

很多同学都知道我打球的时间比睡觉的时间还长，我愿意把更多的时间和精力放在台球上，因为我越来越发现自己的技能还有很多需要改进的地方。淮安市大学生台球冠军只是我的第一个目标，我想成为全国大学生台球比赛的冠军。于是，我每天下午一下课就会去找老师学习，老师教几分钟，我就要练几个小时。动作不规范需要重新改，有时还要定动作，像军训定正步一样。刚开始那两天我的胳膊和腿几乎废了，睡觉都很疼，而且每天只能练一种基本球，真的无聊又乏味。但是，这是我的选择，我热爱台球，愿意为它走下去，渐渐地发现，台球已经成为我的血液，它让我浑身充满了动力，让我乐此不疲，让我每天都处于享受的状态。

可能有的同学会问，你的生活费用来学球了，那么你是怎么生活的呢？我一有时间就看台球裁判书，并考取了国家二级裁判证，今年下半年还准备考国家一级裁判证书。每周周末我都参加台球裁判，赚取裁判费，就这样我的裁判费跟奖金加起来每个月也有1 000块钱左右，基本能维持我的生活了。

接下来这几天我需要做的就是期末考试复习，争取拿一次奖学金，让大学没有遗憾。然后奔向我的第二个梦想——全国大学生台球比赛冠军！虽然很难，但不是没有希望，我会努力的。我相信兴趣爱好＋勤奋努力＝必定成功！

晓耿老师：

我曾看到这样一句话：如果有人写下的兴趣是"运动"，很有可能是伪兴趣；如果有人写下的是"足球"，也分不清他到底是喜欢踢足球，还是喜欢看足球；如果写的是"踢前锋"，他对踢足球的兴趣就很有可能是真的。当一个人对自己的兴趣描述得很细致时，就表示他在这方面有积累。赵航就是这样的同学，要跟他聊台球，他能聊上好几天。

赵航说："我想当一名职业台球选手，但似乎年龄有点大了，不知道还能不能实现，但是无论怎样，都可以骄傲地说，我为梦想努力过，我爱我的台球运动,未曾减退。"

晓耿老师想到董卿说过的一句话:"成功就是把喜欢的事情做到极致。"赵航就是这样做的。

不就是那么一步么，我迈出去就是

现在每到周末，晓耿老师都会做两件事，写文章和健身。搁在以前，我肯定利用假期出去逛街，最好把全市的大街都逛完，或者在家睡觉，最好把一年的懒觉全补回来。但从今年开始，每一次周末，我都坚持写文章和健身。其实现在的生活是我以前一直向往的，简单、健康而又充实，但好多年了，我始终没有做到，没有勇气拿起笔，也没有勇气走进健身房，总感觉自己坚持不下来，我给自己的借口永远是：既然坚持不下来，那就没有必要开始吧。

当我们鼓起勇气迈出第一步时，就会发现，其实前面的道路并不像想象的那么困难，反而会发现不一样的天空。当我鼓起勇气写第一篇文章时，发现我能如此安静地思考工作和生活，这种感觉就像在闹市区找到一片安静的竹林一样，很清新、很别致。当我鼓起勇气办健身卡，准备汗洒跑步机时，发现流汗的感觉如此爽快，一天的压力竟然无影无踪。

前段时间，我看到这样一句话：想太多，做太少，早晚要营养不良。是的，我们不敢迈出第一步，往往是我们想得太多，于是我们会害怕失败，害怕别人嘲讽的眼光。其实所谓的"别人"只是自己的假想敌，现实中的"别人"哪有那么多闲工夫时刻观察你呢？所以，我们往往想象出本来没有的敌人时刻盯着自己、贬低自己、嘲讽自己，这样的生活不营养不良才怪。

晓耿老师请到了凌山，刚认识凌山是在去年的年初，是我主动找他的，因为我听到学生反映，凌山的状态不是太好。而现在的凌山好像和去年不一样了。

凌山：

首先，非常荣幸能够接到耿老师的邀请，一开始知道这个消息差点儿没把我吓坏。什么？谈一谈我自己？不行不行，绝对不行，我自个儿啥样我自己最清楚。后来做了一夜的思想斗争，终于决定，成！没有什么不敢的。

大一到校的第一天我就进入了迷茫期，说出来你们可能都不信，有阵子除了正常上课之外，其余时间我都闷在宿舍睡觉，那时候我还抽烟，一个人在空空的宿舍里胡思乱想，却又不知具体想什么。更严重的是晚上睡不着，一个人坐在操场上发呆，直到第二天的朝阳照在脸上才离开。你们不知道，那些经常活动在篮球场、足球场的同学，我多么想像他们一样。每次经过操场，我都忍不住瞟一眼，羡慕不已。现在想想，当时的我真的好傻。

到了大二选专项，我又一次迷茫，深刻剖析自己后发现，我好像哪个科目都不好，相比之下，团操还可以，就这样，我被现实推了一下，向团操迈出了一步。可没想到我真的喜欢上了它，那动感的音乐旋律、优美的身体动作，每一次上课，都让我尽情地释放自己，用心感受自我。团操要求极大的协调性，没想到，我的表现超出了自己的预期，于是自信心逐渐建立起来了。后来，我尝试着接触动感单车，第一次骑的时候很别扭，但很有趣，并不是想象中的枯燥乏味。目前，我骑得还不错，已经从学员变成了单车教练。

现在的我，不再是以前的忧郁少年，我变得越来越自信，无论学习还是生活，我都愿意给自己往前迈出的机会。因为我发现，只有勇敢迈出这一步，才发现前方不是海市蜃楼，也不是荒芜沙漠，它是实实在在的美好。

晓耿老师：

同学们，不妨问自己一下："我还在迷茫吗？"不要说你还在思考方向，或者还在努力寻找方向。如果有，一定要及时打住，问问自己，除了方向的事，你还做了哪些？凌山迷茫了一年多，每天都在羡慕和纠结中度过，因此他很焦虑，但当自己用行动尝试着迈出第一步时，发现原来简单的行动比胡思乱想有意义得多。不往前迈一步,你根本不知道有那么多的意外和惊喜在等着你!这种经历、这种感觉,会让你上瘾的!

最后,晓耿老师想说:世界上没有任何一件事能一下子就做得很好,除非你是天才,然而天才并不是你。简单的事情都需要行动来支撑才能完成,不要浪费时间,不要模糊现在,不要恐惧未来,勇敢迈出第一步,也许这一步仅仅只是量变里的小小因子,但这一步却证明了你的勇气、你的自信、你的坚定。从现在开始,从小事开始,一点一滴地积累,终能让自己变得令人刮目相看。

致我们一起努力的岁月

从三月初到五月，晓耿老师和同学们一起经历了奖学金评定、主题教育月系列活动、五四评优、主题教育月评优、五四团歌嘹亮大赛、周周赛事、周恩来班创建、淮安市体育中考监考、教职工运动会等大型活动。这 2 个多月里的每一天，晓耿老师都历历在目，并感到无比幸福，因为能和大家一起体会青春带来的酸与甜。

我们一起熬夜研究、一起讨论方案、一起高歌嘹亮、一起努力奋斗。当然，晓耿老师也听到有的学院的学生会成员说："这么拼，对自己有用吗？综合测评加多少分？学院给钱吗？"在晓耿老师看来，这些所谓的质疑，不过是给自己的懒惰找借口。无论我们做什么，拼搏总会有收获，努力并不一定会达到设定的目标，但努力一定会有努力的结果，它一定和不努力的结果会有天壤之别。我们总是把当下的点滴汗水看作无用功，因为不能一蹴而就，于是懒惰的理由就会层出不穷。罗曼·罗兰也说："懒惰是很奇怪的东西，它让你以为那是安逸、是休息、是福气，但实际上他所带来的是无聊、是倦态、是消沉。"

晓耿老师请到高思远和殷俊两位同学，他们是体育学院竞赛部的代表，学校各类体育赛事基本是在他们的精心编排和组织下完成的。

高思远：

进入大学后就进入了我们体育学院的竞赛部，两年以来也编排了很多场比赛。这其中最重要的便是校运动会以及校教职工运动会了。

运动会的编排说简单也简单，说麻烦也麻烦。在下发通知以后，我们就要收集各个代表队的名单，确定每个运动员所报的项目是否正确，之后就要开始正式进入编排程序。首先要把各个项目所报的运动员分类,分好后进行第一轮核对。核对好之后进行每个项目的编排分组,然后整理成电子稿。这个阶段的工作是最繁琐的,那段时间我们编排组每天晚上工作到深夜 2点。我们十几人凌晨两点走在准师的路上,总是想起科比说的那句话:"你知道洛杉矶凌晨 4 点的样子吗?"而我们见证了凌晨两点的准师。之后进行第二轮的核对,这个阶段会发现之前工作中的好多问题。就这样,经过反反复复的校对、修改,一本秩序册才能最终定稿。当然工作还没有结束,我们要根据秩序册手写检录单、检查单以及终点所需要的记录表。整个过程需要花费我们将近一个礼拜的晚上的时间。最后,就是比赛进行期间,我们要把所有分数进行记录、统计、核对,并在第一时间算出各个代表队的总成绩。

对于我来说,大一的时候跟着学长后面做着各项工作,当时感觉真的很累,上个大学比高中还惨,饭都不能准时吃,有些时候也想要放弃,但最后还是一步步坚持下来了。进入大二之后,带着我们大一的学弟学妹们,自己有了一份责任,不光是要做好自己的工作,还要教会他们如何才能更好、更快地完成任务。经过两年的锻炼,我学到的不仅仅是编排工作,还有团队共同努力的精神。

殷俊:

不知不觉做编排已有三个年头了,从懵懂的大一小学弟变成了大三老学长了,这三年真的是一笔宝贵的财富,现在想跟大家分享一下我的感受。

第一,责任心必须有。赛事编排是一个非常需要责任心的工作,我负责编排教职工运动会,虽然我曾经编排过很多场比赛,但是编排这种大型运动会还是第一次。作为主要负责人,我必须严格校对每一个细节,一个数字都不能放过。反复思考、努力回想以前学长的优良做法,确保不出现一点错误。我们私下里经常会说,不出问题是我们应该做的,出了问题那就是我们的不应该!

第二,凝聚力量必须有。这次的教职工运动会编排,让我感受到了团队成员凝聚在一起的强大力量。以前只是觉得很多人一起工作,不会无聊,现在发现当我们把一件大事分割成许多件小事,然后分配给每个人去完成,这样大事就会变得非常简单。我们还可以互相监督。我记得以前高中老师曾对我们说过,自己找自己的问题很难,但相互找问题很容易。当然我们的团队也有奖励制度,比如找到对方问题,就奖励一瓶饮料,这极大提高了团队的积极性。

第三,手工编排练练手。学院领导看到我们很辛苦,主动提出买编排软件,提高效率。确实,这是一个信息时代,要与时俱进,但是我们一致认为,加入竞赛部就是来学习的,如果很多程序都是由软件完成的,那么我们学到的知识就少了。更重要的是很多同学未来要走向体育教师岗位,比赛编排是一件重要工作,而目前很多中小学并没有条件买编排软件,最终,我们还是选择手工操作。

晓耿老师:

每次在大型比赛将要来临时,都会看到我们很多同学忙碌的身影。有人说,体育学院最苦最累的部门排行榜中竞赛部绝对是第一名,但从晓耿老师的观察看来,最苦最累的这些同学们,恰恰是最快乐的。他们有组织、有纪律,其中的每一名同学都有强烈的归属感;他们从来没有抱怨,更没有放弃;他们总是腼腆地笑一笑,轻描淡写地说:"我不累。"感谢有你,体育学院才会更美好,默默无闻地付出让我们非常感动。借用泰戈尔的一句话:"我睡去,梦见生活就是享乐;我醒来,发现生活就是劳碌;我身体力行后领悟到,原来劳碌中充满快乐。"

前段时间,我找到殷俊邀请他谈谈想法,他告诉我说:"老师,我不会表达,而且我认为这些都是我们应该做的。我认为学生时期的我们就应该吃苦,这样才能领悟很多道理,未来自然会少走很多弯路。这样的道理谁都懂,实在不值得说。"其实,以晓耿老师的观察,编排工作远远比他们说的还要辛苦。晚上7点至深夜,这段时间也许有很多同学在追剧、打游戏,又或者在吃夜宵,享受着青春的闲暇时光,但他们却在默默地研究、讨论如何将比赛组织得更好。

我和体院一起奋斗

晓耿老师请到了谷智,谷智以总分第一名的成绩成功考取北京体育大学体育教育专业硕士研究生,让他来和大家聊聊他的考研故事。

谷智:

我是大三确定考研究生这一目标的,跟很多同学一样,曾经很迷茫,也有很多疑问。去年暑期,我担任了很多场省足协主办的足球赛的裁判,偶然间得知北京体育大学成立了中国足球学院,我顿时来了兴趣,似乎长时间的愿景找到了盛放的地方。

我记得大一刚到校时,每个人要在宿舍墙上写上自己的兴趣、理想,"为中国足球奋斗"这几个大字就印在了我的信息表上,它时刻提醒着我。大三的暑假里,我逐渐意识到自己与北体大之间的差距,我每天浏览北体大的考研信息,搜集资料。万事开头难,考研不比跑800米,没人发令起跑,也没人摇铃提醒,随着时间的推移,考研的激情被逐步点燃,终于到了要爆发的时候了!

九一八防空警报拉响的那天,我从床上跳起来,开始整理北体大的考研资料,购买指定专业课用书、英语历年的真题、政治的全套参考书。治疗懒癌,进入学习状态往往需要一段时间,但是对于我来说,没有什么时间去调整,必须一下子变得很清醒。

刚开始复习的时候,我喜欢找没人的地方,比如在图书馆六楼的楼梯或者走廊里背书。英语和政治我全程跟着新东方课程学习,专业课书籍是朋友推荐的北体大本校的资料。在这里我要感谢吴珊同学在刚开始复习时传授给我的专业课复习"秘籍",使我大大提高了复习效率。

　　之后就是每天看书、背书、吃饭、睡觉，早上七点到图书馆，晚上十点回宿舍。十一月份的时候，晚上我会去理工楼的路灯下面背书背到十二点再回去。记得去年的雪下得特别早，我还体会到了在夜里十二点的路灯下啃着手抓饼赏着雪景的惬意，这也算是苦中作乐。在这两个月里，专业课反复背了好几遍，路灯下的两个小时真的很管用。这种打鸡血的状态持续到了十二月初，连续的背书和缺乏运动，精力过分使用，导致每天看到书就头疼，一个知识点背了几个小时还是记不住。还好这种状态仅仅持续了几天，这期间我参加了一次在南京举办的省一级裁判员年底总结，轻松的环境让我的精神缓和了很多，也让我清楚地看到努力付出的真正价值。回到学校，我又重新回到了图书馆六楼，又开始了我的奋斗之旅。

　　我们体院的考研气氛非常好，我经常会去找其他同学取经，向他们学习英语和政治的备考经验，也联络了其他学校的一些研友，我们经常互相探讨北体大专业课的相关情况，如果光凭自己一个人，我肯定做不到准备得这么全面。当然，考研非常需要自信，我把"考不上"的结果早已想好了，那就是再来一次。因此，剩下的所有精力都放在了如何解决另外一个问题上，那就是"怎么能考上"！

　　转眼到了初试结束查成绩的时候，那天挚友帮我查的成绩，并发到了我的手机上：367分，英语和政治是意料之中的平平，但总体达到了预期，我想我应该能进入复试。

　　关于复试，我想告诉同学们，一定要对自己报考的专项熟悉，高中的主项和大学的主项一般都是大家最熟悉、最拿手的项目。刚上大一的时候，我就积极参加学院组织的足球联赛，每一次和学长们踢球都会明显地感受到和他们的差距。为了能够快速地提高自己的足球技能，只要是空余时间，我就去足球场，看到大三的学长们在上足球课，我就蹲在旁边观摩。这让我提前一年就接触到了徐建国老师的主项课，从那时候开始，我便不再是盲目地练习，对不擅长的技术和打法有了一定的了解。磨刀不误砍柴工，这样的积淀让我对不足的地方有了清楚的认识,之后就是不知疲倦地练习。

　　每周我都会给自己安排两次体能课,保持自己的速度和体能,其余的时间我会根据状态,要么踢比赛,要么练习技术。每周六的一整个上午,我都会在操场的主席台下面练习射门和传球,而早锻炼则全部用来巩固我的基本功。我一个人练习却感觉不到枯燥,因为我的室友们早上也都会拼命地练习专项,宿舍良好的氛围加上老师们的鼓励,总能让人满满地投入到学习和训练中。还有,在大一的时候我就跟着学长学习裁判员规则,执法学院的联赛。从参与者变身为服务者,加深了我对足球运动的理解和热爱。随后,我通过了一级裁判员的考核,又参加全省的比赛执法,我有了到外市比赛场地执法的机会。这两方面的积累,给了后来准备报考北体大的我很大的自信和支持。

　　我想说,用最初的心,走最远的路。如果初心需要考研,那么请善待考研。最后,感谢耿老师的邀请,有机会与学弟学妹们分享我的考研经历,希望能给准备考研的学弟学妹们一点指导和激励。

　　晓耿老师:

　　北京体育大学是国内体育类院校的最高学府,很多同学都以它为梦想,谷智的成功考取,极大提高了同学们奋斗的冲劲儿。关于谷智,我这里有一个小笑话,去年周院长大力推荐谷智参加"我的一天"系列的微信栏目,于是我就开始打听谷智的情况。有个同学告诉我说:"老师,其实谷智很好认,就是我们学院最黑的那个同学。"我有些疑问,以为就是一句玩笑话,继续追问,他一本正经地告诉我说:"因为他一年四季都在操场上,不是在踢比赛就是在吹裁判,不是在我们学校的操场上就是在别的学校的操场上,能不晒黑吗? 这样的毅力和恒心,足球技能能不好吗?"从此我对谷智的印象特别深,这次他能考上北京体育大学的研究生,晓耿老师认为没有任何悬念,因为平时的努力和积累足够说明谷智的优秀。

　　其实不止谷智在默默努力,体育学院的老师和同学们都在默默努力着。

三年一次的党建德育评估工作刚刚落下帷幕,晓耿老师有幸参与其中,更进一步感受到了学院的整体发展离不开我们每一位体院人的努力。体育学院党委书记于永恒在党建德育工作评估报告中,用了几句话形容体院,晓耿老师觉得很贴切,他说,"从灰头土脸到扬眉吐气""从默默无闻到风生水起""从传统优势到多点开花""从战略需求到无中生有"。同学们,你们觉得呢?

晓耿老师截取一部分于书记的汇报稿,让我们一起感受"我和体院一起奋斗"的瞬间。

体育的学生变了,师范生竞赛一等奖,大合唱一等奖,去年、前年连续两年的体教专业考编率高居全校榜首,研究生由 3 人到今年的 14 人,一下翻了 2 番还多,就连全校辩论赛,也差点拿了个冠军。是啊,体院的孩子变得有文化有内涵了,当然也还有那么几个进化慢的,动粗打架的老毛病偶尔还犯。赛场上所有老师一丝不苟的执裁,老师们变得更加严谨、更加敬业,周周赛场上孩子们全身心的投入,学生们变得更加好学、更加上进。三年,每个人都在变,体院人变得有精神了,从灰头土脸到扬眉吐气。

淮安市学生体质健康监测中心挂牌、江苏省民传基地揭牌、承办江苏省高校健身气功比赛、承办江苏省毽球邀请赛、江苏省剑道协会主席单位、承办全国大学生剑道邀请赛、健身操全国获奖、毽球全国获奖、全国高等院校健身气功比赛获奖,等等,2016 年淮师新闻网学校综合新闻有 18 条与体育学院有关。如马春林获省哲社课题,陈玉萍考上上体博士,张忠林、陈勇赴韩国读博,冯年娣去美国访学,等等。也许这只是刚刚开始,可对体院来说意义非凡,它标志着内生动力正在慢慢生成,它标志着一种变化正在衍生,从默默无闻到风生水起。

为进一步寻求办学生长点,特色发展已成为体院人必需的选择。我们加快省民传基地建设,现已初步形成"苏南南理工、苏北是淮师"的良好口碑,明年我们的木球队将会代表江苏出征全国民运会。2017 年全国高等院校健身气功比赛 3 银 3 铜,和北体大、武体大站在同一领奖台上,在江苏省高校比赛中更是稳居第一。2017年9月14日参加荷兰海牙第七届世界健身气功交流比赛获得9个一等奖，我院健身气功这个项目创建仅仅一年半，就实现从江苏到全国再到国际的大跨越，扬名海外。体育舞蹈专业全国大体协总决赛获2金4银4铜，发展势头和影响力正在赶超南体。民传、健身气功、体育舞蹈已经成为三大亮点，让我们的特色发展多点开花。

振兴足球已成为国家战略，淮阴师范学院在江苏省率先成立中德足球学院，受到中央一台、中央五台和人民网、新华网等几十家媒体的关注。近来受邀参加中国大学生体育协会体会舞蹈分会、全国体育观摩课和足球研讨会，成为全国高校足球学院的先期联谊单位，抢得了一定的发展先机。当然更多繁重的工作还在后面，我们有决心面对困难，迎接挑战。

同学们，奋斗的青春最美丽，奋斗中的你真的很美，奋斗的大家庭也真的很有魅力，准备好和我们一起奋斗了吗？

大三,我没有后悔

近期,很多同学问我:"老师,我马上上大三了,感觉自己好渺小,无论在心态上还是在技能水平上,还没有完全做好准备,我该怎么办?大三这一年,又该怎么度过呢?"

现在,晓耿老师请到赵晓同学为我们讲述他的大三故事,希望对你有所启发。

赵晓:

时间过得很快,转眼间三年过去了,想说得很多,张口又不知道从何说起。三年发生了很多事情,伴随的是点滴变化。从不自信到自信,从胆怯到勇敢,从幼稚到成熟……

曾经看过这么一句话:"在你还没有足够强大、足够优秀时,先别花太多宝贵的时间去社交,而要多花时间去读书,然后提高专业技能。放弃那些无用的社交,提升自己,你的世界才能更大。"所以当校足球联盟开始选拔的时候我就积极报名了,我想提高技能,我想有一技之长,我想去锻炼自己的胆量!

训练时,老师给了我一个目标,这个目标很高,对我来说有点难,我勉强地说:"我尽量吧。"他说:"尽量和全力以赴是两种不同的概念。"老师的这句话一直影响着我,从那以后,我做每件事都会设定一个潜在的目标,然后倾尽全力去实现它。既然选择了去比赛,就要全力以赴去训练。

我每天早晨五六点钟就和同伴一起到操场上去练习,下午不管多热多晒,都会坚持。徐老师一直陪伴着我们,耐心地给我们指导,还改正了我练了一年的错误动作,之后成绩不断地提高,绕杆成绩从八秒九到八秒一,此时,我给自己又设了一个更高的目标,我想要更快,我想要进七秒,我想要满分。为了这个目标,再累再热我都不会偷懒,我知道绕杆只要保持七秒的水平,即使发挥失误,结果也不至于太差。

但是我记得我第一次参加的比赛是江苏省高校足球联盟基本功比赛,那天下起了大雨,我好紧张!进了比赛场地的那一刻,我深深地吸了口气,尽量把胆怯藏在心里,鼓起勇气,无所畏惧,勇往直前。然而,走一步,陷一步,踢一脚,溅一身,但心并没有像被雨水打湿那般冰冷,反而更加炽热,我一直告诉自己:我不能被天气打败,不能被场地打败,更不能被自己打败。

在大学里,我第一次尝试做学生干部,第一次上台演讲,第一次尝试跨栏等,我一直在锻炼自己的能力。足球课上会有人说:"你怎么踢得那么轻松,我怎么就这么费劲呢?"我想说,那是用时间换来的,以前连毽子都踢不起来的我,怎么可能把足球踢得毫不费力? 是的,当你追逐梦想时,现实会捆住你的手脚,但其实这些都不重要,重要的是自己有没有决心。闭上眼睛,听听自己的内心发出的声音,因为未来的你,一定会感谢现在努力的你。越努力,越幸运!

晓耿老师:

在体育中考测试中,带队的葛老师向我推荐一名同学,他说这位同学虽然是女生,但她表现出强大的意志力,白白的皮肤被晒得很黑,期间还受了腿伤,曾经被葛老师换下,但她仍坚持在岗位上,一直坚持到中考测试的最后,她叫王珊。今晚,晓耿老师请到了王珊,让王珊跟我们谈谈自己在中考测试中的故事。

王珊:

在今年体育中考测试的时候,我有幸被选去负责体育测试的第二检录这一工作。说实话,在负责第二检录的这十几天里,对于我来说,既像是一项考验,又像是一场磨炼。

第二检录主要负责核对考生的真实信息,防止有替考、作弊等现象的发生。主要工作就是坐在电脑前,核对面前的每一个考生是否与照片相一致,听起来这是一项简单的工作,但实际做起来,却是很磨炼人的一个环节。

检录是每天考试最先开始的一个项目,正式考试在早上8点钟开始,这就意味着我7点钟就要坐在电脑前,准备好检录需要的一切。每天最少的时候都有2 000多个学生需要我去认真核对,而多的时候,一天要核对4 000多个学生。当学生进来坐到凳子上以后,我会让他们抬头并且报姓名,从最开始的一号,然后报姓名,二号,报姓名,一直到八号为一小组,四小组再组成一个大组,所以我每天都要重复同样的话几千遍。有时候同学们会特别吵,这样导致我压根听不见后面同学报的名字,再加上每天重复这样机械的工作,无数次地心情烦躁,想发火,但是一想到他们面临的是考试,内心肯定也是紧张的,所以我要压制烦躁,耐心、温柔地与他们说话,鼓励他们考试加油。几天后,发现自己反而变得更有耐心了。当然,作为第二检录的第一个人,我需要面对的是四万多个考生,而不同的考生都有着不同的性格特点,我越来越懂得去仔细观察每一个人,去给予他们不同的关心和鼓励,这对于我自己来说,也是一个很大的成长与进步。

在做这项检录工作的时候,早起、太阳暴晒这些因素反而都是小事,最主要的是工作量大到让我非常疲惫,有时候看到一个本人和照片不太像的,我就要反复看,再结合他们的准考证,有的时候还需要找领导来抉择。这项工作只有我一个人负责,没人与我分担,所以,每天看完几千人下来,我的眼睛都花了。一个人负责这项工作没有人督促,并不代表我就可以懈怠,反而这让我更加打起100%的精神去负责,因为自己的不负责很有可能会影响一名考生之后的发展,所以要对得起他们,也要对得起自己。

在负责体育中考检录工作期间,我还在健身房代课,有的时候工作结束,别的人去食堂吃饭之时,我还要赶往健身房去负责我今天的课程。半个多月的起早贪黑、风吹日晒,说不疲惫那是假的,但现在体育中考已经告一段落,再提起这段时光,我不会抱怨它的苦与累,相反,感受最多的是快乐和成长。想到自己完成了四万多名考生的检录,内心也有满满的成就感。在体育中考期间,我们还获得了校内外领导的一致好评,我也明白了一份责任的重要性,还有身为体育人的一份沉甸甸的担当。

晓耿老师:

同学们,努力的过程可能不会一帆风顺,但我们绝不能轻言放弃。我们要相信自己,保持良好的心态和旺盛的精力,努力去奋斗,你就一定会知道"发光并非太阳的专利,你也可以发光"。

暑假，是用来吃苦的

　　曾在微信朋友圈看到这样一句话："人在二十多岁的时候，都有无限可能，都拥有让整个社会畏惧的潜力。到了三四十岁，如果还安安稳稳、大事未成，性格基本也被磨灭殆尽，注定了庸俗的命运。"我不太同意这句话，感觉有些绝对，但不得不承认，二十岁左右的确青春无敌，因为拥有着足够的时间和精力去挑战所谓的不可能，去和这个社会死磕到底。

　　前段时间，体育学院开始组建训练队，准备暑期集训，有田径队、毽球队、羽毛球队、健身气功队、体育舞蹈队，还有考研党等，另外有部分同学赶赴上海、南京、武汉、广州等地进行进一步的技能强化，学习更多书本以外的知识。这让晓耿老师感慨：也许同学与同学之间的差距，就是一个暑假造成的。你选择了在家吹空调，而更多的同学选择在外学习、训练，等两个月后，你也许变成胖了十斤的你，而他人却变成一身技能、自信满满的体育人。姜梦宇和张雅凤就是留校训练毽球的同学，让他们来跟我们谈谈自己的想法。

　　姜梦宇：

　　冰心曾说："成功的花，人们只惊羡她现时的明艳，然而当初她的芽儿，浸透了奋斗的泪泉，洒遍了牺牲的血雨。"

　　时间如白驹过隙，倏忽而过。我已步入大四，每每看到学弟学妹们在球场上挥洒汗水，我都会想起曾经那个初入校园的自己。那时的我，有过迷茫，有过质疑。但是，直到有一天，我走进了毽球馆，班主任陈老师打球的英姿震撼了我，我想："如果有一天我也能站在这个地方代表自己打球，再走上更高的平台代表学院、学校打球，是否值得？"我仔细地考虑了很久，认为很值得！于是，我不再对接下来的大学生活感到迷茫，也不再质疑自己，我需要使自己变得有价值！

从那天以后，我从最基础的动作开始练习，一点一滴坚持到现在。不积跬步无以至千里，不积小流无以成江海。三年里，我大部分的时间不是在球馆，就是在去球馆的路上。当遇到瓶颈期时也想过放弃，心怀戚戚，不敢贸然迈步，但回头看看过往的路，想想学球的初衷，就会觉得一切都是值得的。当你真正热爱一项运动后，这项运动就会成为你生活的一部分，不可分割。

参加比赛，磨炼自己，褪去青涩，练习在平时，暑假亦不可荒废。今年的暑假，我依然在训练。而这天气，总是那么不尽如人意，现在，太阳已经毒辣辣地炙烤着大地。站在球馆里就好像站在柏油马路上，人闷得透不过气，我们很多人每天换三四套衣服，拧一把脱下来的衣服就像在拧湿毛巾似的。远甚于此的是拉韧带，拉韧带是训练毽球时不可忽视又十分困难的步骤。拉韧带往往最难克服的是内因。这和舞者的性质是一样的，如果从小就开始拉韧带，也许就不用受苦了。但是没有如果，每次拉韧带时，额头都冒着汗珠。我和同学们互相鼓劲加油，做到最好，想着付出一定会有回报，努力坚持，坚持下来就有无限可能。每训练一次我就告诉自己又向成功跨越了一步，如此下来，再艰苦的条件、再痛苦的训练，那都不是事儿了！

在下半年的比赛中，我希望能够取得更好的成绩。还记得去年比赛中，一路领先的我们却在第三局以 21∶23 输给了镇江队，现在依然记得，当最后一个球落地，比赛结束，哨声响起，只觉得一切似乎都戛然而止。今年，我坚信，经过长时间不间断的努力训练，我们的团体定会更加出色，好成绩一定能被我们收入囊中。

一路走来，磕磕绊绊，但磕绊也使我成长。毕业在望，我的目标是做一名体育老师，现在，又多了一个愿望，那就是成为一名基层毽球教练员。俗话说，"行百里者半九十"，但我依旧不忘初心，砥砺前行。面对更多未知的挑战，毕业季里优秀的师哥师姐们给了我动力，希望自己也能够追随他们的脚步，创造属于自己的辉煌，实现我的体育梦。

张雅凤：

人生中有太多的时刻让我们处在分岔路口，需要我们去选择，去取舍。在这么多选择中，你会怎么选择呢？

大学的最后一个假期就这样毫无征兆地到来了，不知何时，我不再像少年时那样雀跃地期盼假期，在大学最后一个假期里，我毫不犹豫地选择留校训练，这意味着要长时间泡在球馆里，然后反反复复地拉韧带、练球……

大二刚接触毽球的时候我对它充满好奇。但一段时间的训练之后，我的热情渐渐被消磨，都说技能练习的过程是枯燥的，没错，毽球也是这样，每天都是不停地抬腿踢毽子，有时累得连腿都抬不起来，每天睡觉翻身都是一场战斗。最难过时，我反复地问自己，何必这么拼呢？

后来，我决定再给自己一段时间，尝试着坚持。不知什么时候，我发现我喜欢上了这项传统运动，陈老师害怕我们出现疲劳期，每天变着花样带我们踢球、做游戏，枯燥的训练变得丰富多彩，单一乏味的训练似乎也变得让人期待。在这里，真的感谢陈老师，他很辛苦，他也有疲劳期，也有酸痛反应期，但从来没有说过。这也给了我强大的榜样力量，所以，我在心里暗下决定，一定要坚持住，拼尽全力向前。

在训练中我们会互相探讨这个球该谁接，该怎么样接，毽球应该在哪里发起更合适……而在赛场上，我会因为一个好球而雀跃，开心得像个孩子，当然也会因为一个球没接好而失落。但队友不允许我这样，他们会鼓励我，给我最大的信心与信任！其实，对我来讲，最幸福的是，听到"我来""二传""好球"这样最动听的话。

还记得第一次外出比赛，我很兴奋，早早地收拾好行李准备出发。提前几天我就会沉浸在兴奋中。但很不幸，第一场比赛就遇到实力最强的郑州大学，他们的主攻手不得不让我们佩服，跟他们打球，确实让我们学到好多。我们女队输了比赛，虽服气，但心情很低落，完全没有了之前的兴奋。陈老师说我们还需要时间，需要去磨炼，在这样强劲的对手面前，我们能突击得分就是一种胜利。这句话大大鼓舞了我们的士气，在第二天的比赛中，我们调整好状态取得了历史性的胜利，忽然间，所有的辛苦都化为乌有。

现在想想，选择有的时候并不难，难的是你如何去坚持，如何去做到苦中作乐。选择的这条路，需要你不断地努力向前迈进，不管一路有多少荆棘！我真的爱上了毽球，我想为它付出所有的汗水。

晓耿老师：

其实，体育学院毽球队组建时间不长，但成绩相当优秀，去年曾代表我校参加全国毽球邀请赛并获得第三名的好成绩。今年，我相信，有着对毽球热爱之心的同学们，一定可以取得更好成绩。

现在，也许你在犯愁，暑假到底我该干吗？不妨学习他们，和最努力的自己在一起！

越努力，越幸运，越幸福

同学们，你的暑假在做什么呢？不要告诉我，你已经离不开空调和西瓜了，离不开手里的"王者荣耀"了，也不要告诉我你患上了头昏目眩、四肢无力的"夏天综合征"。

很多刚刚进入大学的同学会问我类似这样的话：老师，我训练某某项目，对我有用吗？如果有用，它能给我带来什么呢？如果没有用，我训练干吗呢？为了回答这样的问题，晓耿老师真的思考了好久好久。我们总喜欢假设把努力这件事等于或者小于未来某一收获，当现实需要努力时，我们的第一反应总是拼命找到后面的收获，然后不断奢望着努力最少，收获最大。这个暑假，晓耿老师也留在学校，目睹了在校学生刻苦训练的情景，对这个问题有了新的认识，原来我们一直在纠结未来这个不确定的事件，恰恰忽略努力本身的价值。努力是个量变的过程，它会把我们带到某一领域、某一高度，然后接触更多的人，获得更多的可能性，然后再努力坚持……只有处于努力的状态中，才会真正体会到与理想的距离。

晓耿老师请到曹敏敏和郑玲，这两位同学和另外两位男生代表我校参加刚刚闭幕的全国高等院校（体育院系组）健身气功比赛并获得优异成绩，分别是八段锦竞赛功法集体赛第二名、易筋经普及功法集体赛第八名、八段锦竞赛功法男子个人赛第三名、易筋经普及功法女子个人赛第六名。曹敏敏还是我院团委副书记，我校周恩来奖学金获得者。

曹敏敏：

大二是我的转折点。大一时我很迷茫，有些不知所措，我不知道自己的理想到底是什么，更不知道我该如何去努力，但我知道空虚、无聊、焦虑地生活绝对不应该。我决定先行动，先让自己处于忙碌的努力中。于是在大二，我加入了校健身气功队。健身气功分为竞赛功法、普及功法和新功法。竞赛功法对动作的要求比较高，普及功法和新功法多以养生和健身为主，加起来一共有十三套功法，这十三套功法便是我们要学习的套路。

两年的健身气功训练让我终生难忘，我们以训练协调性、力量和柔韧性为主，千万别小看这三项素质的训练，每一项都不容易练好。万老师对我们的要求很严格，无论寒冬酷暑，每周一到周五下午五点半到晚上九点钟都要训练，有时候我们连晚饭都来不及吃，五点二十五下了课就要奔赴武术馆。热身—柔韧—动作套路—力量—柔韧—放松，这便是我们训练的整个流程。最后的素质练习是我们每个人都恐惧的，总是伴随着汗水、泪水加上撕心裂肺的疼痛。柔韧性对我们来说是硬伤，很不容易练出来，但要想短时间出成绩，除了下功夫，我们没有别的选择。

健身气功每年都会有 2～3 场比赛，至少会有一场省比赛和一场全国比赛。每到赛季，便是我们压力最大的时期，因为名额有限，我们要面临的不仅仅是训练，还有残酷的淘汰。赛季时，训练时间除了星期一到星期五以外，周末也要全天训练。如果比赛时间安排在了寒暑假，那我们便没有了假期，去年的比赛就是暑假期间，今年也不例外，今年淮安的温度最高达到 40 摄氏度。我们的训练场所是没有空调的，早上八点半到中午十一点半，再从下午三点半到六点半以后，一天有六个小时以上的训练时间。越努力越幸运，虽然付出不一定会有好的收获，可是不付出是一定不会有收获的。

郑玲：

2017 年全国高等院校的健身气功比赛于 7 月 29 号下午拉开帷幕。此次比赛汇集了来自全国各地四十二所高校的优秀选手,我很荣幸能够代表我校参加此次比赛。

我们在李院长和万老师的带领下,顺利到达四川绵阳。去年,我们初次参加比赛时,每个人都很紧张,但上一次的经历对于我来说很珍贵,它让我不再畏惧。29 号下午,我们四个人迎来了第一个比赛项目——集体普及功法易筋经。在比赛前,万老师一直陪着我们,带着我们一遍一遍地练动作、过音乐。上场前,还不忘叮嘱我们不要紧张,和平时练习一样。四个人相互鼓励、相互加油,走进了比赛场地。我似乎能听到自己的心跳,激动和骄傲充斥着全身。我处于团队四人的中间位置,正对着裁判,心里不经意叮嗒一声,心跳加快了,我努力地压制自己的紧张。当那熟悉的音乐响起时,瞬间安心了许多,跟着音乐开始了比赛。我们的易筋经拿了第八名,没有达到我们四个人的理想目标。赛后我们都沉默不语,默默地吃饭,埋头走路,但都暗暗握紧拳头。30 号的上午,是第二个比赛项目——集体竞赛功法八段锦。在万老师的指导下,我们在前一天晚上一遍又一遍地跟音乐,练习难度动作,统一动作路线与高度,一直到深夜。最后,我们的八段锦集体竞赛功法拿到了第二名的好成绩,仅次于北京体育大学。30 号下午,我的个人女子易筋经普及功法比赛于三点钟开始。我暗自告诉自己:"这是一场硬仗,加油,我能行!"我是最后一组上场,看着前面各代表队都很厉害,最高分数高达 8.98 分,那个时候我已经没有畏惧感了,这是我的战场,我该上场了!这次还是正面裁判,只是功法打得更加自如,内心也多了份沉稳与安静,最后我获得了第六名。

在高手如云的高校体育院系组,我们能占据一席之地,绝非易事,付出再多的努力和汗水都值得。对我个人而言,这定是我今生最宝贵的经历和财富。我很感恩,感谢学校的重视,感谢万老师一直以来的栽培,感谢共同努力的队友们。

晓耿老师:

听了她们的故事,让我想起一件事。在健身气功队集训的最后一天,我过去看望她们,看到他们每个人小腿上都有密密麻麻的红点,我感到很奇怪,忍不住询问,她们告诉我,这是因为汗水湿透了衣服,散发出的馊味引来了好多蚊子,但训练时不能因为蚊子叮咬就左摇右摆,只有忍着疼和痒成全蚊子的胃口了。

此次参加比赛的成员还有两位男同学:王诗琪和孙琪,他们也同样付出太多太多的汗水。对于健身气功项目,体育学院组队参赛的时间不长,本次也只是第二次参加全国赛,去年以新人身份参加全国乙组赛事,并成功进入前三名,晋级全国顶尖高手汇聚的甲组,今年又在这些高手组里夺得了好成绩。

是的,大学,暑假,多么轻松而自由的时光,但晓耿老师认为,在这样的时光里,花时间、花精力提升自己更有意义,因为,不久的将来,你一定会感谢自己曾经的选择。

原来，不可能只是假想敌而已

　　暑假就要结束，不知道你是不是跟晓耿老师一样，努力抓住暑假的尾巴，计划着下一步的生活和学习，尽量把暑假过得充实和圆满呢。我相信更多的同学在继续刻苦学习、刻苦训练。和刚刚放假的自己相比，隐隐约约地感到不再那么的迷茫，似乎心里变得自信和沉稳了。这就是成长，是你不经意的变化，这些变化融入你一次次的挑战中，往回看时，发现原来一直认为的不太可能，今天，却做到了。原来以为因为自己有好动的性格所以不可能安安静静坐在教室学习一整天，现在为了考上研究生，已经不知熬过多少个日夜；以前以为自己不爱说话，不可能主动跟陌生人讲话，现在为了尽快进入工作状态，每天主动跟社会各个方面的陌生人打交道……不可能似乎变得可能了，原来，我变了，真的变了。

　　在放暑假之前，王晶问我："老师，我想去上海学瑜伽，但是估计我不行，因为我的韧带太差了，如果去了，我会疼死在那儿的，可……我还是想去，怎么办？"因为我跟王晶很熟，她健美操跳得特别棒，我还经常跟她学习一二，但韧带差也是大家公认的，这似乎也成了她心里的一道坎，现在正有机会跨越它，但困难重重，她不服输：既然选择体育，就要把韧带练好，这是她给自己的答案。

　　一个月的训练结束了，晓耿老师请到了王晶，让她跟我们讲讲这一个月的故事。

　　王晶：
　　我觉得如果让我用两个字来概括上海学习之旅的话，那我肯定是不假思索地说：苦、累。

　　初到上海，当我知道暑期班一个星期要上六天课时，我的内心是崩溃的，因为我觉得好漫长，怎么可能熬得过去？开始的几天，每过一天都在心里重重地记着：终于又过了一天，好漫长。渐渐地，不知什么时候也就习惯了这种生活。每天早上九点钟开始上课，老师会带着我们练习，每个动作都要保持一两分钟，对于初学瑜伽的我们来说，这一两分钟简直就是折磨，我深深地体会了身心俱疲的滋味。看似简单的动作连续训练两三个小时不停歇，40 摄氏度高温，没有空调，没有风扇，只有汗水，只有练习。每天要进行六个小时的体位训练，没有时间拉韧带，只有课后自己下功夫。每天吃过晚饭休息过后，就要去教室热身，拉韧带。虽然很抗拒，可是瑜伽对于柔韧性的要求非常高，不把韧带拉开就意味着很多动作没有办法完成，只能忍痛——只有拉，必须拉。

　　每次拉韧带都要找个小伙伴来帮我，我总会跟她讲"没事，来吧"，其实我的内心是害怕的。小伙伴也会一直鼓励我，一直在跟我讲"下去，你可以的，这不是你的极限"，我就只能一点一点地往下。当到达极限时，她倒数的时间虽然只有 20 秒，但好漫长，如果给我数数的话肯定会特别特别快。韧带拉过后感觉腿已经不是自己的了，需要用手把腿一点一点地搬回来，整套拉下来要有十几个动作，就这样每天都要来一遍。虽然效果不是很明显，但还是有点进步的，感受着自己一点点的进步，其实心里还是蛮开心的。

　　瑜伽除了柔韧练习还有力量、平衡练习，我们大概有一个礼拜的时间在进行体能训练，就是绕着教室大象爬 2 圈——单腿下蹲——箭步蹲——鸭型步 3 圈，循环练习两次。在这些练习结束后，就是各种虐腹，不断挑战自己，在不经意间，我们或多或少都有了进步。每天重复，日复一日。

　　不知不觉一个月过去了，刚开始感觉很吃力的动作，做起来越来越轻松，最后一整套动作我竟然可以完整地做出来了。瑜伽学习过程中，虽然动作很乏味，但是当坚持之后你会发现，你的身体在一点点地发生变化。看似简单的动作，其实有很多的动作要点，要逐渐掌握身体每个部位的发力点，并努力地去寻找这种感觉,所以瑜伽看似简单其实不简单,重在用心去感受,贵在坚持!努力下去总会有回报。

晓耿老师:

也许你认识的王晶是在舞台上,或者在排练教室里。其实很多同学跟王晶一样,看似在舞台上光彩夺目,但背后在一点点固执地打破心里一直以为的不可能,一点点地挑战,一次次地尝试。不可能其实只是自己心里的假想敌。亲爱的同学们,勇敢往前迈一步,或许你会发现这个敌人并不可怕。

还好，我没有放弃

晓耿老师请到了郝倩倩和陈硕，请她们跟大家谈谈什么是"坚持"。

郝倩倩：

指缝很宽，时间太瘦，悄悄就从指缝间溜走。仿佛昨日的自己还是新生，转眼却已过三年。

大三，我不再像大一时那样懵懂，也不再像大二时那样张狂，慢慢地开始懂得什么才是最重要的、最值得奋斗的。作为体育师范生，必须努力学习，充实教育知识，提高专业素养，把自己磨炼成一个合格的、有教育能力的体育教师，培养中、小学生体育锻炼的意识与习惯为奋斗目标。我们是第一届参加国家教师资格证考试的师范生，这既是机遇又是挑战，我也既兴奋又害怕。以什么样的形式考试、考什么内容、重点在哪里等，都是问题。

2017年9月的5—8日，教师资格证笔试开始报名，同年11月4日我们走进了考场。在这两个月的时间里，我深刻体会到什么叫学海无涯。《教育知识与能力》是从事教育工作者必须掌握的知识理论体系，也是难度较大的一门学科，重点知识必须掌握并会运用。《综合素质》对教师的综合性能力要求较高，囊括了语、数、外、史、地、生、政、物、化等学科的基础知识，强调平时学习中的积累。加上《学科知识与教学能力》，三本书，沉甸甸的三本书，沉在手里，"甸"在心上。我们需要在较短的时间学完并掌握，那一阵，每天都想大喊大叫来宣泄内心的压力。12月12日查成绩那天，学校网站一次又一次瘫痪，我紧张到说话都断断续续，心脏狂跳！最后我通过了！那一瞬间感谢自己幸好没放弃，庆幸自己坚持了下来！

在此我想告诉即将参加明年考试的学弟学妹们,要学好理论,学好技能,扎实基础,充实头脑,强健体魄。你对它侥幸,它势必对你侥幸!同学们,在我们的青春时光里,一起加油吧!

陈硕:

我曾像好多女孩一样幻想着不一样的未来,不过我幻想的是自己变得强大。

大二下学期末张忠林老师建议我参加跳高训练,为 2018 年第十九届江苏省大学生运动会做准备,我很高兴,同时,也面临了一系列没有想到的问题。我的跳高背躬从大一一直没有做出来,训练过程中看到队友都做得那么好,一开始我为了改动作,不停地模仿,但感觉每次都做不好,我开始自卑,甚至一度想过放弃!由于身体原因请了几天假,再回来训练时,我已经有了听天由命的心态了,动作做得连以前都不如,张老师劝我:"没有必要难过,这只是因为前几天没来训练。"我的斗志感又开始燃烧,然后不停地思考动作的用力部位,刻意地去做背躬。没错,我做到了!虽然动作还不尽如人意,但是对我来说已经是极大的突破。我抑制不住内心的激动,有希望的感觉真的太好了!

接下来冬训要开始了,我已做好准备。不努力怎能对得起自己的青春年华?

平时到底有多重要

晓耿老师想跟大家聊聊曹敏敏的故事,前几天,她刚刚被苏州大学体育教学专业录取,成为一名准研究生。曹敏敏的高考分数刚好就是当年淮师体育系的最低录取分,是的,按成绩来说,她应该是全院倒数第一。但在这四年里,她获奖无数。

她说,2014年9月入学,突然来到一座陌生的城市,一所陌生的学校,很不适应,除了每天按照课表上课以外就不知道该做些什么,于是告诉自己不可以,得给自己找点事情做,就报考了健身教练培训班,大一上学期考到了健身教练证。

大一第一学期综合测评的结果让她发生了很大改变,总排名第二名,她说除了小学成绩名列前茅过以外,初中、高中从来没进过班级前十名,甚至还有过班级排名倒数第一的经历。上了大学,原来她可以做得更好。从那次之后,她开始了奋斗。

每次上课就放下手机认真听课,为接下来的考教师资格证、考编、考研打下了坚实基础!

四年里,她获得过国家励志奖学金一次、江苏省三好学生一次、周恩来奖学金一次、校一等奖学金5次、校二等奖学金2次、校三好学生2次、校三好学生标兵一次、校优秀共青团干部2次、校主题教育月先进个人2次、校社会实践先进个人1次等荣誉。

她大二开始练健身气功,几乎每天都要进行健身气功训练,那时还担任体育学院组织部部长和信息站站长,两个部门加起来需要做的材料也很多。每天训练完回到宿舍都要加班,有时候要工作到夜里两三点钟,那时候就感觉每天都有做不完的事情。她说,特别羡慕那些 11 点就能睡觉的同学。

尤其在大三,担任体育学院团委副书记的同时,要考教师资格证还要训练比赛。没时间怎么办?她充分利用课堂时间,抓住一切时间去复习,把苦功夫用在了平时零碎的时间里,自然成功考取了高级教师资格证书。此外,自 2016 年以来她代表过江苏省、淮安市以及我校参加过国际级、国家级、省级的多次比赛,并获得良好成绩,

大学前三年转眼过去,大四压力很大,她想考研。9 月中旬,她去了荷兰海牙参加第七届世界健身气功交流比赛,拿下 9 项一等奖。一回来,她就正式开始了考研之路,每天泡图书馆学习。在此期间,她还参加了 11 月中旬的江苏省高校健身气功比赛、11 月底的第一届中国武当山健身气功易筋经国际交流比赛。这样考研复习时间加起来只有四十多天。她说,她并不担心,因为她发现无论专业课还是政治、英语,和老师上课讲的内容都差不多,当时真的很感谢过去的自己上课那么认真地听讲。

有很多人问我,考研难不难。听了曹敏敏的故事,晓耿老师想说,考研说难也难,说不难也不难,对于平时不学习,只是考试前冲刺的同学或者连冲刺都不愿意冲刺的同学来说,考研真的很难,但是对于平时就注重学习,知道什么对自己最重要、目标明确的人来说,考研并不是想象中的那么难!

1 节课 45 分钟,2 节课加起来 90 分钟,算一算,一堂课就这么长时间,在上课时玩手机,错过的可不是这 90 分钟,而是这 90 分钟的内容。

同学们,你或许会认为曹敏敏很幸运,可是你看到她训练的艰苦了吗?你看到她背后的付出了吗?天上不会掉馅饼,没有人能随随便便成功,对任何事情都不要抱着侥幸的心理,你不是不可以优秀,请别放过任何一次可以成为强者的机会!相信我,只要你努力,将来的你一定会感谢现在的自己!越努力,越幸运!

当班助，真好

时间过得很快，我们的新生已经入学十周了。不知道你适应新校园、新生活了吗？或许一开学你会有种种不适应，我想你肯定会吐槽，但现在呢，是不是适应了？当你渐渐融入集体时，当你渐渐感受到大学校园的种种小美好时，你有没有谢谢你的班助。他们在这十周里默默守护着你，你哭，他陪着你，你笑，他陪着你，你受伤，他也陪着你，他就像个大家长，你的什么事情他都管着，当然偶尔还被你们拿来开开玩笑，而他从来不会计较。晓耿老师请到了他们，让他们讲讲自己的感受。他们分别是 1701 班班助刘洋、1702 班班助桂旭、1703 班班助徐凯旋、1707 班班助李嘉诚。

刘洋：

2017 年 9 月，又有一大波小鲜肉加入我们体院大家庭。很荣幸我能够成为 1701 班的助理班主任。迎新生当天，我们全天候地等待着每一个同学的到来，从班级第一位报到的同学（谢玉婷），到最后一位报到的同学（姜磊鑫），像是期盼亲人回家一般。从第一次班会，到现在的班级制度成熟，从什么都不懂，到现在能够基本适应大学生活，我跟随着你们一步步成长。回首看，从军训到广播操比赛，同学们似乎都是在忙碌中度过。在这期间，我看到了同学们穿上军装帅气的身影，也看到了同学们标准的广播操动作。这段时间我们有欢笑，有感动，更有收获！还记得第一场球赛的紧张吗？还记得第一次自我介绍的欢乐吗？还记得第一次上课的好奇吗？还记得第一次面试的腼腆吗？同学们！学会记录下这些，这将会是你们最美好的回忆！

桂旭：

时间转瞬即逝，我当体院 1702 班的班助已经两个多月了，陪着他们走过新生注册、军训、广播操比赛等活动后，我的感触颇多，有成功也有失误。对于我来说，更多的是学习到了很多东西。起初大一新生总是事无大小都来问我，虽然惊讶他们什么都不知道，但我还是耐心地一一作答。后来我才明白，班助是新生接触大学的第一面镜子，班助的风貌、班助的经历、班助口中的大学生活对新生会产生潜移默化的影响，影响着他们对大学生活的看法。同时我也发现了一个问题，就是我们太想帮他们省弯路了，其实好多东西只有自己做过了、失败了才会吸取教训，而不是什么事情都告诉他们该怎么做。告诉他们先迈左脚，如果先迈右脚的话可能要跌倒，可是如果他们从来没有尝试过跌倒的滋味，怎么会相信我说的话？所以我们应该让他们先做，然后再以我们的经验给予帮助，也许那样结果会好很多。

徐凯旋：

第一次当班助，其实内心是非常激动的，但同时又很紧张，生怕自己能力有限，带不好大一新生，生怕没给他们起好带头作用。我经常晚自习的时候去他们教室观察一下，和他们交流。我觉得作为班助，教给他们最重要的一件事，是如何将一个班里的同学凝聚成一股绳。1703 班的第一场足球赛，对战1702 班，我也去看了。全班同学都在场，不踢球的同学就在场边为自己班的同学加油呐喊！虽然上半场 0：1 落后了，但同学们也没有放弃，幸运的天平倒向了他们，下半场连进两球逆转了比赛。说实话我很骄傲，不单单是因为赢球，而是看到了他们的团结，他们的凝聚力。于是，我重点强调了这件事，让他们从现在开始埋下团结的种子。

李嘉诚：

当我知道我成功争取到了 1707 班的班助这一工作时，我非常激动。因为能够和学弟学妹们亲切地接触,学弟学妹们从自己的家乡来到一个陌生的城市,我知道我有责任也有义务做好接待工作。这项工作虽然看起来琐碎,但真正用心去做,却让我感到了无比的充实。带着他们逛校园,给他们介绍校园的各个部分,看着他们脸上洋溢着开心的笑容,我的内心很有成就感。看着学弟学妹们逐渐熟悉校园,适应大学生活,我觉得,我这两个多月的工作都是值得的。加油吧,学弟学妹们,用自己的努力去开创属于自己的一片天地!

晓耿老师:

每一年,班助们都让我感动,他们全身心投入新生工作中,像对待自己的亲人一样,无怨无悔,经常深入宿舍、班级,不让任何一位同学有疑问。在这里,晓耿老师代表我们 2017 级新生谢谢你们!

新生：长大真好

晓耿老师请到了新生何苏杰和邹双蔓,请她跟大家聊聊"长大"。

何苏杰：

当我拿到录取通知书的时候,脑海中感觉存在了十几年的压迫感突然消失了。似乎一直努力栽培的花朵终于开放了,再也不用过着三点一线的生活,再也不用每天匆匆忙忙奔波于家与学校之间了,好欣喜! 我的人生翻开了崭新的篇章。

九月,带着行李和梦想,我来到淮师。走在校园里,看着梦想中的篮球场,我告诉自己,以后这里就是我的家了! 但没过多久新鲜劲儿就过了,忽然发现,太多的可能摆在我面前,何去何从就成了我的迷茫。我眼花缭乱,看不清什么才是自己的未来,但是我必须做点什么,于是我认真上好每一节课,积极参加活动。我想要做好每一件事,但这才发现理想是丰满的,现实是骨感的,虽然大学的课程和文化活动丰富多彩,但难度也是不可小瞧的,说实话,有时候甚至整节课我都处在晕乎乎的状态中,听不懂,看不会,很焦虑。这就是我想要的大学吗?

除了学习困扰,还有各种各样的活动和工作困扰着我,之前从来没有接触过,根本无从下手。那是一个周末,刚想好好睡一觉就接到任务,立马从床上跳下来,急匆匆地直奔会议室。老师安排任务后,我依然不知所措,心里飘过无数种想法,最后都被自己否定了。这时一位学长过来,问我怎么在这发呆,我说我不知道该怎么做,因为我什么都不会。学长便接过我的材料,看了之后仔细地告诉我应该怎么做,还说遇到不懂的事情就问他,那时候我觉得学长帅呆了!

之后跟学长熟了起来,我也从他身上学到了很多,不管学习还是工作,都要勤奋、认真、专心,不怕吃苦。其实有些事情也没有想象中的那么难,只是不敢去做罢了。而大学正是一个让我敢去面对一切挑战的地方。

大学是一个舞台,一个展现自我的舞台,刚上台的我有点紧张,但谢幕时的我一定是最自信的。

邹双蔓:

2017 年 9 月,金秋开学季,我带着懵懂走进了淮师,记得那天天很蓝,天空还飘着几朵淡淡的白云。我拉着行李箱漫步在校园里,看到了庄严的图书馆,路边的青青草地,还有那充满激情的篮球场,我心里想着:我的新生活将从这里开始,淮师! 请多关照!

时间就像那翩翩落叶,打着旋儿悄无声息地溜走了,转眼间一学期下来,我感觉自己在无形中长大了、独立了、坚强了。时间老者总是那样的神奇,在他的带领下,我找到了属于自己的那片天空。当然还因为一个人——陈雪。那天,阴雨蒙蒙,上完运动解剖课,我呆坐在教室,正为自己的懒惰而伤心,为作业的繁多而迷惘。昨天学的知识点还没背,今天又学了很多,我该怎么办? 那一瞬间我一下子变得不知所措,这样的日子何时是个尽头? 收拾书本,带着忧伤,一个人走在回宿舍的路上。回去吃饭、洗漱、上床休息,不经意间拿出了手机,看到陈雪发的信息:“今晚 7 点到学生会整理资料。”我便下床、穿鞋、骑车飞奔过去。我推开了学生会办公室的门,看到她正在整理资料,一遍一遍地翻,一遍一遍地核对,忙来忙去,没有休息。看着她身边厚厚的资料,原来她和高中时的我们一样,肯吃苦,不怕累,值得我学习! 自那之后,我就从不敢懈怠,我告诉自己,不要让自己活在昨天,因为昨天没有希望,唯有今天,脚踏实地,努力学习,才能享受未来!

我相信,我会不惧困难,勇往直前,用微笑照亮每一天,等到那一天,我会自豪地告诉全世界："长大真好！"

晓耿老师：

我常常思考：大学是什么？我听到最有意思又最简单的回答是："大家自己学就叫大学。"虽然有些片面，但大体概括了大学的本质，就是学习，认真学、自己学。在这里，我们每个人都必须直面社会、直面未来，所以，大学里，我们必须确定方向，努力学习，增长才干。大学就像一场奇特旅行，不仅风景奇特，旅行的人也很奇特，因为他要背起书本、托起梦想，走向远方！

学生干部：磕磕绊绊但很快乐

晓耿老师请到了李文秀和陈雪两位同学，她们都是学生干部，李文秀负责新闻宣传工作，陈雪负责组织发展工作，工作量很大，但她们的学习成绩没有落下，一直都是名列前茅。

李文秀：

进入大学，在这个陌生的城市、陌生的环境里，我充满迷茫，无所适从，很多未知的事情等待着我，感觉人生似乎要经历太多的局。刚开学发生的一件事情对我打击很大，但幸运的是这个世上总会有那么一些人在我需要的时候温暖着我，他们的存在让我觉得不害怕、不孤单。后来的我努力把所有精力放在学习和工作上面，我加入了学院里的宣传部，据学姐们的描述，宣传部似乎有点惨烈，因为工作量非常大。正合我意啊，然后我试着去熟悉相机，尝试怎样写微信推文。一开始，我真的觉得微信推文好难做啊，我记得我的第一篇微信推文花了很长时间，绞尽脑汁，最后，我认为已经尽全力地写了，却被要求全部重写。一开始不熟练的我常常要做到半夜，然后再麻烦耿老师审核，耿老师常常给我提很多建议，我再去修改。有几次已经很晚了，一直改到我都不好意思再问耿老师这样写行不行。慢慢地我终于明白宣传部真的是一个很忙的部门，感觉它消耗了我大脑里仅存的那一点点智慧，我想，还不如让我干苦力呢，不要让我费脑力了。是的，我埋怨过。

后来，做得多了，越来越顺手。我最开心的时候是做完给老师审核，老师的修改建议越来越少，随之而来是频繁的夸奖，让我有满满的自豪。

在做微信推文的过程中，我学到了好多，它不仅仅是一篇简单的推文，更像是我们花费时间和精力做的艺术品，很珍贵。此外，耿老师还教会了我如何处理细节，比如标点符号的添加、人名排列、出场的顺序，等等，有时候推文发出去了才发现这样那样的问题，诸如人名、期数……也正因为这些错误的存在让我更加细心。

大二我如愿以偿地当上了宣传部部长。很感谢老师和学姐们的信任以及对我努力的肯定，曾经竞选宣言上"要让宣传部越来越好"的承诺好像并不是那么容易兑现，任务的分配，活动的组织，总会有那么一些意外的存在。好在我都能顺利解决。渐渐地我发现，宣传充实了我的生活，让我学会了在忙碌中享受大学的意义！

陈雪：

有时，多一份坚持，便会看到广阔的天空和阳光，便会抵达美好的彼岸。

大学生活已过去一年半了，我也从最初的懵懂变得成熟一些了。而如今我作为组织部部长更感受到了责任重大！每到开学初期，新生档案的整理、入党积极分子材料的收集，还有学校下达的任务，让我总有一大批文件要处理，写策划书、整理信息、汇总表格，所以熬夜也是正常的！有同学这样问我："不就是整理资料嘛，有那么难吗？还要熬夜？"我笑了笑，整理资料看似简单，但必须要细心、细心，再细心！就像我这次整理的大一新生档案，自从部门招新之后，就组织成员共同整理材料，没有课的时间、晚自习的时间，反正只要一有空就在学生会办公室翻档案。不怕辛苦，不怕繁琐，不怕劳累，一遍又一遍地翻，一遍又一遍地核对，一遍又一遍地修改。在最后做存根和回执时，我没有看到两者区别，导致全部都做成了存根。天呐！一个细节的错误，造成新生档案移交以失败告终。事后，我很内疚，感觉这么长时间的辛苦都白费了，当时很想放弃，怀疑自己是不是不适合当这个组织部部长。老师主动找我谈话，我以为老师会批评我，结果并没有，她耐心开导我，给我讲述她是怎么一步一步走过来的，犯错误并不可怕，但是你要正视错误，吸取经验，下次不会再犯。我做不到"宠辱不惊看庭前花开花落,去留无意看天上云卷云舒",但我可以坚强地去面对,去相信自己,这就是我的职责!既然选择就没有退缩的理由,虽然资料繁多,但是能和学弟学妹们一起整理,也是一种很不错的感觉呐!

晓耿老师:

当学生干部很不容易,会遇到很多很多的第一次,面对杂而乱的工作,很多时候真想放弃,李文秀和陈雪都有过这样的经历。我记得有次夜里 12 点时,李文秀写的微信推文还没有修改好,一次一次被退回来,那晚,她哭着告诉我,她想放弃。同学们,有一种生活,你没有经历过,就不知道其中的艰辛;但有一种艰辛,你没有体会过,就不知道其中的快乐;也有一种快乐,你没有拥有过,就不知道其中的纯粹。大学的生活温暖而又肆意、忙碌而又快乐!

大四实习感悟

最近,毕业班结束了实习,他们的脸上似乎又多了些成熟和稳重,他们在实习时到底经历了什么?又能从短暂的实习中学到哪些?晓耿老师请到了1401班张悦讲讲她实习的故事。

张悦:

转眼间,为期两个多月的教育实习结束了,在北京路中学实习的这段时间,我经历了很多,成长了很多,明白了很多。当第一次真正站上讲台,第一次在众多学生面前讲授知识,我也第一次体会到为人师表的艰辛与自豪。我知道这段充满酸、甜、苦、辣的实习生活,将成为我人生中一次刻骨铭心的经历,也将成为我今后走上工作岗位的一笔巨大财富。

在实习期间,我主要带初一和初二的学生,共四个班,一星期九节课。想想那些比我课时多得多的同学,我又怎能懈怠。在此期间,很荣幸我参与了实习学校的课间操组织与管理、高中运动会与初中运动会的记录编排、中学生体质与健康测试等工作。操场就是我们的战场,我们和太阳、大风肩并肩相伴同行。

实习生活忙碌而又充实,然而让我印象最深刻的,是刚进入实习学校时上的一节关于"合理膳食,促进健康"的室内课。这是我人生第一次正式给学生上室内课,光准备相关PPT和教案就熬了数个晚上。还记得那天我抱着电脑,跟在指导老师后面,直到进了教室我才缓过神儿来,马上就要上课了。我迅速准备好上课用的课件,发现教室里的多媒体是老式的,脑袋里一团乱麻,不知从何下手,倒腾好一会儿也没弄明白,本来就很紧张的我这下心里就更乱了。突然想到在手机里已经做好备份，可以用手机在展台上播放课件。搞定了课件，心里万种担忧又来了，"万一还没下课，内容就讲完了怎么办呀""万一下课了，内容还没讲完又怎么办""万一讲着讲着忘词、卡壳了该怎么办""万一学生不感兴趣，怎么办"，心里好多个"万一""万一"。就这样伴随上课铃声的响起，我的心跳得更快了，瞬间教室里鸦雀无声，我的心"噗通""噗通"，感觉下一秒就要喷薄而出一样。我告诉自己冷静下来，我可以的。我迅速进入上课状态，慢慢地让自己冷静下来、慢下来，发现上课也不是一件难事，而且在学生们的欢声笑语中结束了这节课。一整节课下来，我和学生有很好的互动，充分发挥了自己的语言组织能力，课堂反馈效果很好。走下讲台，回到办公室虚心接受指导老师的点评，心里美滋滋的。第一次室内授课效果很好，让我对今后的实习都充满着信心。有句话说得好，"只要功夫深，铁杵磨成针"，我相信只要用心、有准备，结果都不会很差。

说完室内课，来谈谈我们的室外实践课。室外课是最难把控、影响因素最多的一门课。有一节课让我感悟颇多。当时实习已过大半，对于课程各方面的把握我已日渐成熟，但由于特殊情况，我需要给从来没接触过的班级上一节排球课。当时听到这个消息我就愣住了，心里想：天呐，这不给我出难题嘛，球类课程原本就是我最不擅长的。指导老师却对我说，作为体育教师，越不擅长就越要上。终于要上课了，那天，我早早地准备好需要的器材并布置了场地。在课程的准备部分，学生们都非常认真地投入，然而在进行技术教学的过程时，问题来了，部分学生学习兴趣不大，还扰乱课堂秩序，甚至有的学生直接跟我说："老师，我想打篮球，不想玩排球。"听了这句话，我立马停止了上课进程，我问了学生一句话："有谁想玩篮球，不想学排球的，请举手。"一个，两个，三个……一共五个人举手，还有几个畏惧我，不敢举手。看着他们几个人，我说："如果有人想打篮球，觉得自己的排球技术没问题，可以连续垫球一百个，并且在我规定的范围内完成的，举手告诉我，检验合格，我就同意你们玩篮球。"说完这句话，学生们立马积极地投入了练习，课程又有序地进行着。过程中，有一位同学举手说他可以了,然而没垫到十个就失败了。随后我就针对个别学生进行单独纠错,改正动作,学生们的学习态度端正了很多。最后那几个要打篮球的学生也都积极投入了练习,技术动作有很大改善,有的连续垫球个数高达九十。我当众表扬并让这个学生做展示,其他学生有了榜样,练习也更投入、更积极了。一节课就这么热情高涨地进行着,很快就下课了。结束了课程,有几个学生悄悄过来问我:"老师,下节课你还教我们吗?"听到这句话,我倍感欣慰,原来我也可以被学生认可。

晓耿老师:

同学们,也许在实习期间,你才会真实体会到作为一名教师的艰辛与自豪,你会因为学生的一句"老师好"而高兴许久。是的,这就是做老师的感觉——光荣而自豪。其实每个孩子就像一朵含苞待放的花朵,当我们付出爱心与耐心,也必定能收获满室的芬芳。

毕业了，我有些不舍

又到了一年毕业季，每当这时候，毕业班的同学们肯定会感慨那个曾经在学长学姐后面屁颠屁颠跟班的小孩，转眼变成了校园里的一哥一姐；那个每天早上都在纠结要不要早锻炼的小懒猪，忽然意识到以后永远都体会不到被同学拽被子的感觉了；那个你一句我一句争吵的小矛盾，不知什么时候也变得如此宝贵。

四年前，拉着行李箱走进淮师时，把各种对大学的向往也带了进来；现在，同样拉着行李箱却要走出校园，而这次是把淮师的期待带向未来。淮师还是那个四年前的淮师，一景一物都一样，但又确实不一样了。刚进校园时总说，毕业还远着呢，我还可以再享受一下，但现在却要说，好想在操场上坐到天亮，好想去食堂再去吃一顿饭，好想再看看校园……

晓耿老师请到了1302班的宋琦同学，现在宋琦已经考取淮安小学的教师编制。

宋琦：

毕业了，真的毕业了，一直不敢相信这是真的。看着即将告别校园的一张张熟悉的面庞，我们揣着一颗颗梦想与激情的心脏，但其实更多的是感伤……我一直安慰自己：毕业就是一段旅程的终点，也是即将开启新一段旅途的起点。

四年前的我刚经历了严酷的高考，终于接到了梦寐以求的学校的录取通知书，怀着对大学生活的美好向往，踏进了淮师的校门。学院为我们新生举行了各种迎新晚会，记得当晚我身着靓丽的服装，在灯光下尽显矫健舞姿，那是生平第一次登台跳舞，也是进入大学参加的第一个活动，为此我与同学们努力训练，只为把最精彩的自己展示给别人。登台那一刻，我感到自己的青春开始舞动，年轻的心在新的旅程上跃动不止……

当然，大学是锻炼一个人才干的地方，我主动参加了班委成员的竞选，并获得老师和同学们的认可与信任，担任了班级学习委员。从组织班级活动比赛到参加学校各种晚会，从组织工作到汇报工作，几年的班级工作，虽然有过辛劳、流过汗水，也有过抱怨，但始终怀着执着与负责任的心态。

大学新生活满载新奇与精彩，执笔的人是你是我。大一的我也曾迷茫过、丢失过，也许是一时转变不了角色，让我迷失了方向，好在有朋友和同学的帮助，有家人和老师的理解，我度过了那段艰难的时光。

大学的生活，流动的教室，非固定的座位，每周相对轻松的课程，充裕的课余时间，没有他人的督促，一切的一切需要你高度自觉与自律。为了有个好成绩，各学期的课程我努力做到不缺席，各科目的期末考试我都认真复习准备，每学期都以优异成绩获得奖学金。平时我积极参加各种比赛，也曾获奖颇丰，这也算发挥了特长，释放了青春，绽放了光彩，努力做到了专业学习与课余生活的充实与默契。

现在，要和大学说再见了，和美丽的淮师说再见了，我想说：毕业了，但青春仍旧不会褪色。

晓耿老师：

大学带给我们一场综合际遇，一种别处难寻的气氛。我们收获很多，失去很多，但无论如何请带着这份成熟与稳健，在未来的人生道路上，收拾行囊，整装待发，向着新的旅程再次起航！

2014年11月30日，我来到淮师体育学院做助理辅导员，那时我正读研究生二年级，而2013级同学当时才刚刚上大二。当时的我对体育学院一无所知，更糟糕的是，我对体育也知之甚少。第一次开学生干部例会，刘书记把我介绍给大家,我是如此忐忑,边自我介绍心里边想,千万不要笑话我说话打结啊,毕竟第一次当老师,真的很紧张。后来发现,没有人笑话我,会后还有同学主动给我介绍学院情况,他们像是我教师生涯的启蒙老师,那时候我觉得我是学生,他们是老师,有时我还像孩子一样腻着他们。

2015年10月,淮安市第一次举行国际马拉松比赛,他们被选为志愿者,我带队。刚刚把他们安排到道路沿线做引导员,温度骤降,下起了小雨,主办方没有给志愿者们配备雨衣,他们就只能在路边挨风吹、挨雨淋。我当时急得眼泪都下来了,疯狂地拨打主办方负责人号码,逼着他们配备雨衣,那时候我第一次感受到做老师的意义。感谢有你们,祝你们未来更美好!

你的一切努力都不会白费

每到毕业季大家都会感慨时间过得好快。我依稀记得 2015 年的迎新,那时我刚刚入职,接到策划新生报到活动的任务,欣喜万分。那一年,我们第一次用舞狮表演隆重迎接新生们;那一年,我们还专门买了好多明信片,让新生们表达对大学的向往,记得很多同学在入学明信片上写着"大学四年不要挂科"。而现在,当年入学的他们在学校只有一件事要做,那就是毕业。

同学们,毕业不仅代表一起把学士帽抛向天空的激动,更代表着大学四年学习成果的收获。

在这时,你会发现理想与现实那么近,近到只需你踮起脚尖就能碰到;你也会发现理想与现实那么远,远到任你怎么呼喊,却总是擦肩而过,然后消失在远方。很多同学把这概括为"幸运"和"不幸",晓耿老师听到过:考试的内容正好是我刚刚研究过的,太幸运了;笔试第一名的考生放弃面试,让我这个第二名捡到了便宜,太幸运了;考试我紧张了,离录取分数只有 0.1 分的差距,落选了,太不幸了;跟我一起竞选的有个"211"工程学校的专业运动员,太不幸了,等等。晓耿老师认为,你的成功绝不是因为你的"幸运",而是你踏踏实实努力的结果。

晓耿老师想讲讲刘洋同学的考编之路。

去年暑假,和许多同学一样,他兴致勃勃地留校考研,不同的是,他抱着试试看的心态去准备的,不坚定的态度让他很多次想过放弃。

其实,他想当选调生。

去年 10 月,江苏省委名校优生定岗特选计划公布,其中名校优生中脱贫攻坚类选调生的报考不限制专业。从那时起,他就开始了备考研究生、选调生的日子。每天早上早起考研复习,晚上 10 点从图书馆回宿舍后,在宿舍里学习选调生考试的内容,就这样,每天重复着。身边的同学全身心地扑到考研上时,他两方面兼顾,看似忙碌,但也让他心里有着非常不安的感觉。

10 月下旬,得知学院争取到一次中国足协 D 级教练员培训的机会,他既兴奋又烦躁,想去参加却又害怕耽误目前的学习。思来想去,最后他还是参加了培训。

他想挤时间,去参加足球培训,因为足球是他的梦。

7 天紧张的培训让他筋疲力尽,每天除了培训,还要坚持考研、考选调生的学习任务。在培训第六天的下午,又得到了新沂市教育局校园招聘在江苏师范大学进行的消息,那天下午他又做出了艰难的选择——去这个招聘会试试。第七天,这一天是培训班最重要的考试,考试进行了一个上午。下午别人在美美地睡觉时,他迅速收拾好行李,立马赶到徐州,到徐州已经是夜里 10 点多了。第二天,校园招聘面试试讲的题目恰好是这 7 天培训的内容,于是他脱颖而出,很顺利,考上了新沂市教育局教师编制。

当教师也是非常不错的职业选择。

回到学校,距离选调生考试还剩 3 天。考试科目已经公示,不光有申论,也有行测,而行测他还没来得及复习,这三天,立马制订好复习计划,暂停考研复习,全力复习选调生选拔考试。11 月 7 号,他在南京参加了考试。选调生计划招收 90 人,他考了第 71 名。他说:"这样的成绩对于突击复习的我来说,已经相当满足了。但回到学校后,我已经不是那个可以静下心来认真学习的我了,考研荒废了半个月,这个时候想重新捡起来已经相当困难。"

考研结束后,选调生考试的结果出来了,他进入到了面试考察阶段。原本可以成为准选调生,结果面试考察阶段被刷了,他说,这样的结果给了他重重的打击,有太多的不甘心。寒假过后,考研的成绩公布了,结果自然不是太好。

必须重新出发,必须重新思考自己,没时间浪费在失望和难过中。于是,他开始继续考编,无锡市滨湖区开始招聘足球专项教师,他顺利通过了笔试,但成绩不是很突出,之前接二连三的失败让他想到了放弃,不再想继续参加技能考试了。这一想法遭到了家人的强烈反对,他不得不坚强起来,于是开始反复练习武术、篮球、跳山羊、队列与口令、跳远等考试内容。技能考试和笔试的成绩一起作为初试的成绩,排名出来了,第三名。后来,他越来越自信,他告诉我:"面试前一天,我请教了去年考上无锡教师编制的学长,他教授了我有生面试的技巧,于是我反反复复地揣摩、思考,在脑中放映各种状况和应对策略。第二天的考试我竟然抽到了1号,考察内容是20分钟有生演课。这一节完整的课中,学生的不配合、紧张的准备时间、考官的严厉眼光让我有些喘不过气,但还是发挥出了最好水平。"

最后,在新沂教师编制和无锡教师编制中,他选择了无锡教师编制。

同学们,刘洋的故事讲完了,是不是有点曲折?他告诉我他曾经怀疑过自己的实力,因为明明很拼命地想抓住一切机会,但总是失之交臂。但我告诉他,当他努力到位时,成功就变成了顺其自然。足球专项的刻苦训练、中国足协D级教练员的培训、学生干部的各种能力锻炼等,一点一滴的努力铸就了今天的成功,不是吗?

同学们,成功不是一蹴而就的,更不是幸运女神的多次眷顾,而是你脚踏实地努力积累起的"质变"。

舞蹈生遇到了车祸

这段时间，晓耿老师一直在思考作为年轻人应如何去追梦。我记得习近平总书记在2019年新年贺词上说："我们都在努力奔跑，我们都是追梦人。"晓耿老师认为心怀梦想、奋力追梦才是我们青春的主旋律。晓耿老师想跟大家讲讲青春里的追梦故事，其实追梦人就在大家身边，不管什么专业，是哪里人，他们都有一颗追梦心。晓耿老师讲的第一位追梦人，就是体育舞蹈编导专业1605班的姜央。

以前姜央给我的印象总是弱弱的，因为她说话声音很轻，我总不能将热情似火的拉丁舞与这瘦瘦的身板联系在一起。直到有一天她出车祸被送到医院，我对她的看法有了彻底的改变。

回忆当时的场景，她这样告诉我：

人生真的很奇妙，很多时候当我觉得可以享受一切时，意外发生了，让我猝不及防。在发生车祸的那一刻我的大脑一片空白，直到同学把我扶起，我发现自己的左脚脚踝瞬间肿大，我开始心慌，不知所措。几经波折，我被送到了医院，一系列检查之后医生告诉我两处脚踝骨折，需要手术，并且会用上钢板和钢钉。那时我感觉天塌下来了似的，我是一名舞蹈生哪！

记得最痛苦的是在手术后的第一个晚上，术后六小时麻药慢慢褪去，疼痛慢慢侵蚀着我的身体。我是一个很能忍受疼痛的人，但经过那次之后，我彻底被疼痛打败了，即使打了止疼针、挂了止疼药水，可还是依然疼到骨子里，不知道怎么表达那种疼痛。

术后在医院的静养康复，让我看到了温暖。感谢父母的用心呵护和细心照顾，感谢学院领导、老师的关心，感谢主治医生的用心良苦，感谢室友的陪伴与支持,感谢学长学姐的排骨汤与耐心开导,感谢所有关心我的同学,感谢你们,让我学会了感恩。

在家静养的那段时间让我很焦虑,心情很低落。那时我每天都会写一篇日记记录自己的心情,太多繁琐的事情占据了我的大脑,每天都被伤感充斥着,压得我喘不过气。康复是一个极其漫长的过程,从基本的康复训练到拄拐练习,再到弃拐练习,等等,希望、焦虑总是交叉着占据我的心。

当我终于满心欢喜地来到学校时,大二第二个学期已快接近尾声了,看到同学们快速地进步,我焦急万分,怎么把落下的学业补起来?只有比别人付出更多的努力,付出更多的时间。每天我都告诉自己不能沮丧,不能颓废!于是我开始慢慢寻找人生定位,努力上进,一定要对自己有要求,并且要知道我的梦想是什么,才能继续前进。人的一生中,不可能没有困难,当困难来临时,也许你会烦躁不安,然而,困难是需要克服的,你如果搁着,它只会阻碍你前进,倒不如沉着应对,把困难克服,去接受新的挑战。

大三第一个学期,教师资格证可以报名考试,我也开始备考。早晨去图书馆占位置学习,说真的,那段时间过得很充实也很满足,而且还让我见识到了我们准师的学习氛围。一开始我为自己早早地排在图书馆门前等开门而自豪,觉得自己努力得不行,却不知其他同学的这种行为早已是常态。在图书馆里不缺乏努力的人,不缺乏认真的人,当时我就想:人家学习那么好,还那么努力,自己有什么理由不努力上进,不放手一搏?趁现在年轻有时间,什么事都可以去尝试,真心做自己,心态最重要。成长,就是做自己!

备考教资面试的日子,也是一个让我比较担心和焦虑的过程,因为我是舞蹈生,考体育教师资格证,专业不对口,什么都不懂,好无奈,只好借书、借资料,把所有的技术动作先抄下来,再去一点一点模仿。学院开设了培训班,我每天都过去旁听,一开始一点都听不懂,我又一次陷入了矛盾,一次次怀疑自己的决定,但我知道如果不去旁听更是一片茫然。所以很多成功取决于愿不愿意去尝试,愿不愿意去付出。在最无助时,我选择愿意去努力,因为只有努力才能创造价值，才能实现梦想。

现在的姜央给我的感觉很自信，说话时总带着微笑。

其实我们大部分人都没有多少过于辉煌的过往，每个人都很普通，姜央就是其中之一，但一次次磨难让她学会了坚强，学会了一次次挑战自我，战胜自我，她说，她心里有梦。

这让我想起，有次我给学生开班会，我极力鼓励大家考研，有学生却在会上说："老师，我们都想考研，但我们体育生的英语都不好，我的英语又在体育生中算差的，成功考研是不可能的。"我说："为什么不去尝试一下呢？为什么没开始就给自己定了结局？既然有梦，我们就要拾起勇气挑战自我，而不是在梦想面前唯唯诺诺。"

同学们，你的梦想呢，你敢为了梦想挑战自我吗？

我在云南做支教

前几天我在"有书"微信公众号中读到一篇文章,叫《和什么人在一起,真的很重要》,文章引用了韩寒的一句话:"一个人能走多远,要看他与谁同行;一个人有多优秀,要看他有谁指点;一个人有多成功,要看他与谁相伴。"文章还有一句总结:"千万别小看潜移默化和耳濡目染的力量,人就是在这种力量中慢慢被塑造出来的。"这让我一下子想起我们作为教师的责任和担当,这段时间我们越来越多的同学考取教师编制,喜报频传,再过几个月,他们就将站在学生面前做学生们眼中的好榜样。那么对于教师,我们有多少思考呢?

晓耿老师想讲述第二位追梦人——1601班的李文才,带着大家从不一样的角度和生活环境领悟教师的力量。

今年寒假,李文才前往云南省丽江市宁蒗彝族自治县老江河小学开展公益支教,这是一所位于小凉山海拔3 400米、进出山只有一条公路的小学。

李文才给我发了很多支教的视频和照片,简陋的学校,脏兮兮的棉袄,但最让我难忘的是孩子们那快乐的笑脸。我在知乎上搜索"支教的意义"五个字,出现好多关于支教的故事,有个支教的女孩的回答让我感动,她说:孩子成长的路上,需要的不是一个板着脸教自己守规矩,一题没做对就怒目相对、拳脚相加的老师,而是一个可以陪她成长,分享知识、经验和见解的哥哥姐姐。

李文才跟我讲了好多他支教过程中的故事,他说他好像变了,好像对教师这一职业多了一些领悟。让我们一起听听李文才的感悟:

在寻找支教地点的过程中,司机大哥开车爬山路。一直从下午三点开到晚上十点钟,但只找到了一所中专学校,而且也并不是最终地点。在这个临时点,我们一起啃面包、住睡袋,第二天继续开了3个多小时才帮助我们找到支教地点。我们在那里感受到了贫困地区到底有多贫困,来这里前,在网上、电视上看到的画面其实让我们都有了一定的心理准备,但亲眼看见还是触动很大。忽然我更加懂得了对生活、对生命的珍惜,也明白了什么是有一种幸福叫作知足。

刚到支教地点,我们就开始进行家访。孩子们的生活条件大都非常艰苦,每天都要翻过好几座山去念书,吃的也特别简单,基本上每天都是煮一锅粥,里面放一些菜。

期间,我们发现同学们中午放学后,虽然走出了校门,但很大一部分同学并没有回家,他们蹲在离学校不远的山坡上啃方便面,等到上课了,再回到教室。后来我们把他们都领回了学校,给他们提供热水,把我们的伙食分给了他们。在后面的统计中我们发现,这里80%以上的孩子都是留守儿童,即便不是留守儿童,他们的家长白天也基本在镇上或市里打工,早出晚归。

在与孩子们的交流中我了解到,这里的老师对他们特别严格,属于权威性教学模式,学生都比较怕老师。孩子们特别喜欢跟我们在一起,因为我们更加和善。这里的孩子从小受周围环境与家庭教育的影响,与城市的孩子相比,显得更加胆小、拘谨、不善言谈,缺少自信心,害怕说错被老师批评,遭人嘲笑。课堂上,孩子们的发言基本处于被动状态。所以,在教学中我鼓励学生大胆发言,我也经常用亲和的语言对他们给予肯定。教学活动是师生双方互动的活动,要使之有效地进行,就要建立起学生对教师的信任和良好的师生关系,尤其是对农村学生来说,这一点更为重要。要改变传统的旧思想,建立平等的师生关系。尊重学生、热爱学生,对学生持有肯定的态度,能极大地缓解学生内心的紧张,对学习有障碍的学生更要善于培养他们的自信心和学习的热情。

支教老师在送孩子们回家时,家长都特别淳朴和热情。有一个学生的爷爷给了我们很大一块肉,后来听说像这样一块肉,够他们吃接近一年了。我们在去集市买东西时,家长们会免费把我们带过去或者将车子借给我们。支教结束的前一天,我在送张建平同学回家时,告诉他爷爷我们马上就要回去了,爷爷拉着我的手，说他家的孩子顽皮，给我们增添了不少麻烦，很感谢我们这些大学生，感谢政策的支持。忽然让我鼻子一酸，虽然支教很苦，但能得到家长和孩子们的认可比什么都有意义。

以前晓耿老师一直鼓励大家要经常和比自己眼界更广、学识更高的人在一起。今天，我想说，未来的教师们，我们要尽快成长为学生们心目中的偶像，要成为他们潜移默化、耳濡目染的力量，因为我们不仅要授业解惑，更要传道。

那个像蝴蝶一样美的姑娘

这次晓耿老师想讲讲第三位追梦人——1707班的邬鑫波。

产假回来，我就被一个新闻惊到了，体育学院体育舞蹈班邬鑫波获得校英语演讲比赛一等奖，英语口语水平惊呆了在场的所有人。很多人对艺体生有着刻板印象，认为他们成绩都不怎么好，尤其是英语。现实中，确实像大家想的那样，英语在一些艺体生眼中是个比较可怕的怪物，可也有艺体生大学英语六级考试一次通过，考研英语更是轻松应对，而邬鑫波在六级考试顺利通过的基础上，口语水平也提高很多。她比赛时晓耿老师并没有在场，对这个爱笑的女孩，我的印象停留在一项项过人的成绩和各种奖学金上，为了更深入了解她，我把她约到办公室，那天正好是3月7日女生节，我送给她一束花，她开心得像个孩子，蹦蹦跳跳的。

她跟我讲了去年在伦敦参加境外学习的经历，我认为很值得大家换一种思维和方式去思考现在的学习。她是这样总结的：

有时常常会想，若当初没有那一股热情和不怕失败的心态，或许做什么事情还会胆怯，也就没有机会见到我心目中向往的世界，遇不到能让我有决心变优秀的人和事。伦敦之行，虽然路途中挑战重重，但我克服了，成长了，也让我学会了感恩。

到伦敦倒时差的那天晚上睡了四个多小时，3点多到达宿舍整理行李，8点多就开始第二天的活动。我有点水土不服，身上长了很多红疹子，身心疲惫，但对这一个月的生活还是充满着期待。语言不通，生活习惯不同，饮食文化的差异让初来乍到的我十分苦恼，但我必须大胆尝试去做新鲜事情。我开始努力地记住伦敦地铁地图、从住处到各个目的地的路线，搜索当地美食。一段时间后,我竟然还担任了8人晚餐的厨师,真的没想到我会完整地把几个菜烧得漂漂亮亮。从不敢用英语和服务员交流,但到最后我能开心地和她们聊天,突破自己的心理障碍,打消恐惧,其实我能做得更好。

英国的课堂和中国的课堂有着很大区别,在英国,在课堂上有任何问题都可以举手示意,在国内似乎更倾向于课后询问。刚开始上课的那几天,大家都比较害羞,回答老师的问题也不积极,但过了一周左右,课堂氛围变得越来越活跃。而我给自己定的目标就是每天能举手回答老师的问题一次,到了后期,我变得更加积极地思考和回答问题了。"你今天有进步!不错,继续加油!相比于昨天你已经进步了。"这样的话语几乎在我的每一篇日记里都出现过。我坚信人是需要不断地自我鼓励以及自我肯定的。从第一堂课的不敢举手回答问题,到最后的侃侃而谈,虽然没有口音正宗的口语表达,但已经进步了很多。不知道从什么时候起,那个小时候勇于上课回答问题的小女孩,在步入大学后,会害羞于回答问题,尽管知道问题的答案,也不敢举手回答,这一点很值得我思考。在这里,老师总是在鼓励我们去质疑、去提问,这一点对我影响很大,我觉得此次学习最重要的收获不是学到多少专业知识,而是学会了怎样学习,如何自主学习,主动思考,并激发创造力。

我记得为了我们的毕业论题,小组在合作中出现了很多困难,这对我来说也是比较大的挑战。而对于实践性的调查我更是毫无头绪,于是大家一起在厨房坐到深夜,讨论研究方向以及次日的具体实施方案,每个人拿着电脑在餐桌前整理当天的调查内容,查找资料,剪辑视频,制作幻灯片。不管当天我们有多么累,第二天一早大家又都精力充沛、面带笑容地和每一个人打招呼。感谢遇到了一群志同道合的朋友,很怀念大家一起坐在餐桌前讨论自己的理想,谈自己的看法,计划着自己未来的日子,从他们身上我真的学习到了很多,他们在学习、生活上都是我的榜样,只有不断向优秀的人学习才会让自己变得更优秀。

邬鑫波说，从英国回来她开始喜欢去尝试，喜欢去想象曾经不敢想的未来，不惧现在，不怕未来，敢于迈出第一步，虽然会遇到困难，但总会惊喜地发现，困难远远比想象的更容易克服，所以她愿意乐观面对一切挑战。

同学们，你们呢？在面对困难时，你们是怎么告诉自己的呢？

我不想放弃自己

目前体育学院已经有 20 名同学成为准研究生,还有五六名同学正在等待复试成绩。今年考取研究生的人数与去年相比有望翻倍,考研的氛围越来越浓厚,直接带动了 2016 级学生高昂的考研热情。几天前,我跟一位同学聊天,他原本心思没在学习上,还出现了挂科重修的情况,后来觉得有些不好意思,就给自己定了个目标,努力做到不旷课、不挂科,专心一致考大学英语四六级。上学期,他终于做到了,离奖学金只差一点距离。我问他接下来的目标是什么,他说:"我想考研,我不想放弃自己,我觉得我还有很多潜力没有被挖掘,我们全班都在努力为年底的考研做准备,我为什么不能呢,我也可以考研的。以前就想把大学混过去,现在不想混了,我要为自己真真正正地奋斗一次!"同样,前几天,小路同学也给我发了信息,说自己确定好了,考大学英语四级和考研究生,他是一直让我头疼的"关注对象",他的基本功不错,就是受伤太多,自我颓废了很久,去年教师资格证考试顺利通过后,又重拾信心再出发。这样的例子太多太多,晓耿老师觉得特别欣慰,真的为他们感到高兴,没有什么比确定目标然后像个勇士一样不畏困难地再出发更有魅力了。

晓耿老师想借此机会讲讲第四位追梦人——袁浩,希望同学们能从他身上感受到更多精神力量。袁浩刚刚以第一名的成绩被上海体育学院体育教育训练学专业录取。

袁浩我很熟,因为感觉他什么都很厉害,哪儿也都有他。前年的迎新晚会上,他一个人参与了 4 个节目,有 T 台走秀、跆拳道、街舞,还有舞龙舞狮,每次出场都引起台下一片尖叫。台上的耀眼是台下"十年功"不懈努力的结果,因为他永远有着自己的晚自习,总泡在训练馆一遍一遍地练习,总有使不完的劲、用不完的激情。

谈到考研究生，他说："考研是一段煎熬又美好的旅程。之所以煎熬，是因为备考时间长达六个月，每天九个小时的高强度学习，终于让我体会到什么叫脑壳疼，什么叫身心都受折磨。我们得禁得起磨炼，要坚持住，要懂得我们现在的每一点努力，都是为了梦想。所以要稳住，我们能赢。考研也是美好的，因为在考研的过程中，你会知道自己不是孤军奋战，你会感受到家人的关爱以及来自老师、同学对我们的帮助与支持。同时通过考研这段充满酸甜苦辣的旅程，你也会更好地认识自己，然后感知世界。"

袁浩就像个阳光大男孩，似乎并没有多少烦恼，袁浩说，调整心态很重要。他说："在这场战争中，我不仅是一个会读书、会做题的士兵，更是一个会制定战略的将军。会计划，能执行，善于调整。计划就是做好不同时期、不同科目的计划，每天晚上睡觉前我都会回顾今天学到了哪些知识，懂得了哪些道理，并给自己加油鼓劲。有着学习和作息计划，就不会因为别人的进度快慢而受到干扰。对于体育生来说，生理学是个很难的科目，有着挂科率最高的'美誉'，要吃透三本厚厚的生理学书真的很难。由于教学方案不同，很多生理学知识点没有学过，需要自学，很痛苦，别人看书学习看着看着就看懂了，我是看着看着就看开了。因为我会思考书上的内容是不是有道理，贴不贴合实际生活，然后将书上的知识加以改造再装进脑袋里，这样的知识点更具有趣味性。每天八九个小时的学习，总会有再学下去就要崩溃了的疲惫感。这时，我通常会和家人、朋友沟通，相互打气，毕竟他们是我最坚强的后盾。学习之余我会运动运动，也学会了逗自己开心和逗别人开心，学会了劳逸结合，会生活才能更会学习。每当特别累想要放弃的时候，我就告诉自己，你现在的每一点努力都在为梦想的实现积攒能量，你要鼓起勇气继续前行。"

袁浩还跟我讲了他的复试之路，让我更加坚定地认为平时的努力有多重要。他说："复试是一段艰难的修行。复试前，每天会进行两小时的体操练习，遇到比较难的技术动作，我就一直练，直到我能熟练掌握。我有体育生的血性,有那种干到底、不服输的精神。虽然双手布满了老茧,但技术动作得到大幅度提高,让我更加坚定,我适合体育这条道路,我一定能考上。复试前两天我只身一人来到上海,舟车劳顿的我一下车就直接去了体操房适应场地。真的是越努力越幸运,技能测试那天,我发挥得很棒,得到了评委老师与其他考生的一致好评。最后复试成绩出来,我是第一名。回想每天的刻苦训练,我知道一切都值得。"

袁浩的故事讲完了,不知道你的内心有没有受到一些启发。

晓耿老师认为,袁浩的成功绝不是偶然,而是必然,因为他一直为考研做准备。我常常告诉大一、大二的同学,不要认为考研离你很远,你需要从刚入学校就不断打磨你的专业技能,培养自己不怕吃苦的意志以及永不服输的精神,袁浩就是这样的同学。同学们,你做好准备了吗?

最后,袁浩有几句话想通过晓耿老师告诉大家:希望学弟学妹们趁年轻,趁还有奋斗的机会,少打游戏、少熬夜,多做运动、多学习,找到自己热爱的并且擅长的领域,不断努力让自己的长处更"长",然后做一个心地善良、善于思考、热爱生活,能传播健康、快乐和正能量的体育人。

考研报考之道

今天,晓耿老师讲的第五位追梦人叫张重阳,很多同学对他都很熟悉,他是学校自管会副主席、体育学院自管会主席,他能第一时间记住每一位同学的名字和宿舍号,宿舍里大大小小的事他都知道,很多同学都叫他"重阳书记",也习惯了什么事情都找"重阳书记"。他曾经告诉晓耿老师,他想当村支书,想为地方老百姓真真正正地做实事。

去年,我们的"重阳书记"成了网络红人,一条"全校都知道你脱单了!——男生大四终脱单,舍友喜拉 10 米横幅庆祝"的标题引起不少人的点赞和评论,原来舍友韩广洲花了 50 块钱给他做了一条 10 米长的横幅庆祝他终于脱单,而张重阳在采访视频里却把这种看似玩笑的关注当作考研的动力。他说:"全校同学都知道我脱单了,从另一个方面来讲,这件事所造成的影响力也是对我在准备考研这个过程中定力的考验。"

现在,张重阳和韩广洲都考上了研究生。韩广洲被扬州大学体育教学专业录取,张重阳则被沈阳体育学院体育教育训练学录取,暑假过后,两位好兄弟将前往不同学府继续学习深造。

去年夏天,张重阳找到我,希望我能把办公室借给他用于考研复习,我欣然答应了。等到开学后,我发现办公桌上放着厚厚的考研复习资料,他开心地告诉我,他很有自信能考上,一个暑假他已经基本把考试要点都复习完毕了。在接下来的时间里,他一边忙碌自管会的各项工作,一边在图书馆里认真学习。他说,工作就当给自己放松了,不能总泡在书堆里,得出来透透气。就这样,他工作没落下,学习更没有落下。

我请他在考研动员会上与大家分享考研经验,同学们觉得他讲得最实在,最符合大部分同学的心理。

今年,我发现很多同学报考了苏州大学、上海体育学院、南京师范大学、南京体育学院,无形中形成了"扎堆"现象和内部竞争,不少同学在这种环境里遭到了淘汰。张重阳则避开热门院校,在选择学校上重点下了功夫。我们来听听张重阳的心得:

我很想考研究生,但是我了解自己的情况,我要找一个自己能跳一跳就能够得到的高校,绝不会盲目跟风、盲目学习。

说到择校,总是感觉说起来容易选起来难,因为不仅要考虑地区、学校名气、竞争激烈程度,还要考虑以后的就业、备考的难易等。我记得之前有一位同学,在选择学校时,花了一个月时间,搜集了十几所高校的各种信息,列了八九页纸的表格,把目标的几个院校的各项信息汇总在一起,再结合自身实力,"气势磅礴"地进行了一番比对,才选定要考哪个学校。

根据往年的备考经验,有一大部分同学在择校这一步骤上偷了懒,导致后期的复习进行得不顺利,或者初试成绩与预期的有差别,进而导致落榜。由此可见,择校是考研的重要步骤,可能会直接影响结果,所以才要一而再再而三地提醒大家认真对待。

我向好多考研的同学了解之后发现,在择校方面,大家一定要选择适合自己的院校。也就是说,明确自身情况更适合哪方面的学校后,再在此基础上做出选择,切忌盲目选择高校,并不是你说你想考北体大、华东师大、南师大、苏大,你就能考上的。

我想说的是,要根据自身情况择校,"试一试"这种话还是算了!关于择校,大家应该已经看过或者接受了很多各种类型的建议,我这里想说的是,别人的例子或经历只能给你作参考,关于择校这一重要决定,建议大家还是要亲自行动,做对比的同时,多问问自己,你决定付出多大的努力以及你自身有多大的能力,毕竟,所有同学无论怎样选择,都是为了一年后收获满意的结果而不是被淘汰,那些想当然以为选学校不过就是那么一回事儿的同学,多看看近几年的录取淘汰比,这会让你更加重视的。

考研择校,一定要根据自身能力,要量力而行,要确保能考上。如果选择的学校名气很大,比如北京体育大学,你却没有付出能考上北京体育大学应该付出的努力,那么你考上的概率就很小。就算进了复试,也很有可能在复试环节上被淘汰,这时候再去调剂其他院校就很难了。如果还有调剂的可能,很有可能和你原来的目标院校差距很大。所以,目标院校一定要根据你个人自身的实际情况、你决定付出的努力大小以及你自身基本条件去选择。有的时候,选择比努力更重要。

还有呢,就是择校的范围,一定要把眼界放得开阔一点,放眼全国去选择学校,不要把眼光局限于北京、上海,切忌跟风。千万不要觉得在省内苏大、南师大最好,就报苏大、南师大了。也不要看某某学长考上了哪所学校,就扎堆报那所学校,你可以选择这所学校,但不要跟风去选择,一定要在充分了解目标院校之后再做决定,一定要尽可能地增加自己考研通过的可能性。

是的,同学们,"985"工程大学、"211"工程大学、省重点大学固然是好,但是适合自己的并不一定就是"985"工程大学,或者上海、北京地区的大学。同学们,你们说,是吗?

晓耿老师的考研故事

晓耿老师想讲讲自己的考研故事。

在准备考研之前，我是一家公司的初级财务员，每天负责记录片区的流水数据。工资够花，没有压力，但我总觉得这份工作不是长久之计，似乎刚进公司就已经触及了天花板，于是我萌生出了考研究生的想法。其实那时候的想法非常简单，就是多学些知识，让我不再感觉有强烈的危机感。后来我辞掉工作，专心学习，一心泡图书馆。

我跟很多同学们一样，底子薄，没有自信心，因此不得不提前复习。可复习时间越长，疲惫感和懈怠情绪就越严重。记得大约在十月份，我发现背了那么长时间的专业知识似乎忘记了一大半，英语做题时更是错误连篇。我失望、自卑、着急，甚至愤怒，我克制不住这些负面情绪，同样也抑制不住错题数量的增长，后来我知道这就是传说中的"考研瓶颈期"，不知道同学们有没有过类似的经历。当时巨大的压力让我喘不过气来，我想过放弃，我给自己的理由现在想想有些可笑：我确实不适合考研，还是乖乖回去做我的小职员吧，何必那么虐自己呢？于是我就回到住处大睡了三天，起来之后萌生的第一个想法竟然是再给自己一次走下去的机会吧，毕竟还有一个半月就考试了。于是我开始分析现状，制订详细的复习计划。计划的第一步就是散心，我需要把所有压力都释放出去才能轻装上阵，随即我开始了"说走就走"的旅程。我买了张去南京的高铁票，到南京，刚刚走出车站，我就远远看到玄武湖边上有个人捧着书旁若无人地读着，走近观察了好久，他的眼睛一直没有离开过书本。

这件事对我影响很大，一直延续直到现在。第二天，我勇敢地走进图书馆继续学习。这一次,少了些急躁,多了些沉稳。

考试那天下起了大雪,好久没下那么大的雪了。天还没亮,我就早早地站在站台等车了,冻得我直哆嗦,走进考场发现手冻得都写不了字了,看着监考老师抱着暖水袋真想一把抢过来暖暖手。好在紧张的心情并没有使脑袋冻僵,试卷发下来,大部分题目都那么的熟悉,好亲切,自然顾不上冷了,甩一甩冻僵的手,立刻奋笔疾书。

现在我已经不记得考试内容了,但那种既窃喜又幸运的心情至今让我难忘,我开始洋洋得意,似乎一脚已经踏进高校的校门了。第二天的专业考试,我自认为绝对没问题。也许命运总看不惯自大的人,第二天的"教育学"考的都是边边角角的细节题,天呐,我背的都是大众化的内容,没有太注意细节啊,完蛋了,另一只脚踏不进去了,凭着模糊的记忆,我只能勉强答完试卷。吸取教训,最后一门专业"政治学",我用最快的速度复习了一中午,查漏补缺。后来成绩出来,"教育学"这门课我才考了 90 分,满分是 150 分呐,而"政治学"我考了近 140 分。

同学们,考研不会一帆风顺,有意料之中的艰难,也有意料之外的状况,我们需要冷静对待,不甘、愤怒、失望、自满都不能在心里长时间停留,不到最后一刻,我们都必须谦虚对待,沉着应对,永远不要放弃,也许再往前迈一步就会柳暗花明。

同学们,放弃一件事很简单,坚持一件事真的很难。如果当时我收拾书本离开图书馆,就不会有任何机会成为今天的晓耿老师;如果没有最后的苦学,我可能就没有机会成为一名研究生。所以,当我们已经做出决定时,就不要轻言放弃,必须勇往直前,披荆斩棘。

同学们,考研的路上你并不孤单,其实每一个考研人都经历过犹豫、徘徊、焦虑和不安,你不是特例,充满挑战本来就是考研的最大特征,这也是让众多学子为之奋斗的最大魅力，只有经历过才觉知那段奋斗时光如此难忘。

　　同学们，考研不是简单的讲一讲、说一说，你要把它真真正正地放在心里，并落实在行动上，你要放弃杂念、放弃游戏，戒掉懒惰、戒掉骄躁，脚踏实地地去钻研每一处细节。

附 篇

践行周恩来精神，担当新时代使命

时间过得好快，2018 年"践行周恩来精神，担当新时代使命"主题教育月已经结束，忙忙碌碌的一个月，你学到什么了吗？我们总是习惯于忙碌地投入其中，但却总是忽略每一次忙碌后的总结和思考。今天，晓耿老师带着大家回顾主题教育月里我们的故事，带着欣赏的眼光感触昨天的自己。

3 月底，陆陆续续有同学找我咨询考研信息，突然而来的现象让我有些惊讶，毕竟以前打听考教师编制的学生居多，而今年，考研似乎很流行！随着时间的推移，我终于找到了考研流行的原因了，那就是考研氛围的不断浓厚。去年，体院只有 3 人考取研究生，今年体院 13 人成功考取苏州大学、华东师范大学、南京师范大学等高校的研究生，而且以"211"工程大学的研究生为主，这极大鼓舞了很多同学的斗志。其中，谷智同学更成功考取了北京体育大学，这是我们很多同学心中的体育殿堂，北京体育大学严格的考试环节和极少的招生人数，让很多同学既怕它又敬它。

4 月底，我们再次调查 2015 级学生的发展目标时发现，意愿考研的同学达到三分之一以上，他们都想趁着青春拼一把！记得去年这时候吴姗对我说："老师，我想考研，其实我不确定能不能考上，但我认为我可以的！"我想这就是自信，尽管我们对后面的结果不确定，但对奋斗一定很坚定！现在，吴姗成为华东师范大学一名准研究生，她说："复习的日子虽然很苦，很多知识点根本没有学过，需要自己重新学习，从技能型转到学术型困难真的很大，但我从来没有想过放弃，因为我心里有太多的激情和动力去攻克它们，现在想想真的挺幸福的！"

同学们，周恩来在 12 岁就确立了"为中华之崛起而读书"的目标。晓耿老师认为，践行周恩来精神，首先应学会树立理想和确立为理想奋斗的途径。"中华之崛起"是理想，而"读书"就是奋斗的途径，只有怀有远大理想，奋斗才会有目标和方向。无论在多么困苦的条件下，周恩来都会选择勤奋读书，追求真理。我想，他的内心一定是幸福的，你说，是吗？从理想出发的选择才是让自己幸福的选择。习近平总书记也曾说："奋斗本身就是一种幸福！"

令我印象最深的还有"践行周恩来精神"演讲比赛。比赛前的下午，参赛同学到办公室做最后的准备，看似相互追捧或相互调侃，但他们的内心是非常不自信的，毕竟大家都是第一次登台。我想起有一期《奔跑吧，兄弟》，兄弟团要挑战英语演讲，团员们那种想放弃又不能放弃的焦急、那种不安和犹豫的一举一动和那天下午选手们的状态真的很像。

我还记得体育学院辩论队第一场比赛结束后等待结果时，领队冯有源一脸苦涩，看到我突然到现场，急忙上前解释："老师，我们讨论了好几天，修改好多稿，但队员都没有经验，并没有把所有实力表现出来，存在失误，我觉得这场比赛，如果赢，也是险赢。"冯有源不安的表现似乎满怀着歉意，同时似乎也做好了被我批评的心理准备。也许真的像冯有源说的那样，那天评委讨论时间感觉有些漫长，看样子评委对结果也在反复斟酌，这反而加深了队员们的不安。其实我倒有些放松，因为不安才表明队员们真的认真努力过。

学生时代的周恩来，曾经演过话剧，还常常反串女角。他还经常在公众面前演讲，表达爱国思想，传播正能量，成立觉悟社，表达新思想。晓耿老师认为，践行周恩来精神，就要践行周恩来敢于表达、敢于亮剑的精神！

我没有指导同学们在演讲台上一定要讲什么内容，但我要求同学们用心去体会和感悟，演讲内容与自己生活要有联系，带着自己观点的讲话才会有感染力，才是自己最深切的体会。在中国梦的指引下，作为新时代青年，我们要学会敢于表达自我，敢于展示新时代青年的风采，敢于担当新时代的使命！

最后，演讲的选手们成功站在讲台上，完美展示了自我，也成功突破了自我。参加辩论赛的同学们吸取每场比赛经验，继续保持了严谨、认真的学习态度,经过几天几夜的讨论、修改和模拟,最终取得全校第二名的好成绩,震惊了很多人。

还有很多画面历历在目。周周赛事在主题教育月里开展得如火如荼,今年的周周赛事已变成了惯例,统筹、策划、报名、组织、裁判,还有后面的后勤保障和宣传报道等程序变成了规定动作,"自发、自主、团结、向上"成为今年周周赛事最感人的关键词。准备"五四大合唱"每天中午的排练,拔河比赛的热情高涨,全院行动,全员参与,不主动参与的学生少了,五花八门的请假理由少了,敢于突破自我的同学多了,敢于向未来发起挑战的豪言壮语多了。这样的行为,才是真正"践行周恩来精神,担当新时代使命"。

勤学 修德 明辨 笃实

2019 年 3 月 14 日,学校开始了主题教育月活动,今年的主题很接地气,"勤学、修德、明辨、笃实"。在日常生活中,我们经常看到图书馆爆满,甚至连走道、楼梯上都有人抱着书本,但是也听到宿舍里键盘声、游戏声相互呼应;我们听说过有些同学奋发图强提前偿还国家贷款,但也有些同学号码换掉就当贷款这件事从来没有发生过;我们也听说过有些同学面对鱼龙混杂、泥沙俱下、良莠不齐的网络空间不善分析,总是认为年轻人要"热血澎湃、伸张正义"从而发出不当言辞或者成为随意抨击他人的"键盘侠";在课堂上,我们能看到有些同学早早地坐在第一排的位置,认真做好课堂笔记,而有些同学把教室当成谈恋爱、打游戏、追网剧甚至吃早饭的地方。所以,晓耿老师认为,本次的主题很接地气,目的是让同学们从内心深处真正把"勤学、修德、明辨、笃实"作为自觉的追求。

"勤学、修德、明辨、笃实",是习近平总书记在北京大学同师生代表座谈时,对当代大学生提出的殷切期望。这也是习近平总书记传授给青年学生的"八字真经",简单来解释,勤学就是要下得苦功夫、求得真学问,修德就是要加强道德修养、注重道德实践,明辨就是要求同学们善于明辨是非、善于决断选择,笃实就是要求大家扎扎实实干事、踏踏实实做人。

3 月 14 日下午,学校召开主题教育月动员大会,会上校党委学生工作部部长陆林召的发言一直让我难忘。他说:"我们要引导、激励全校学生在勤学中夯实知识根基,在修德中提升个人素养,在明辨中找准奋斗方向,在笃实中创造青春业绩,立志做一名有理想、有追求、有担当、有作为、有品质、有修养的新时代大学生。勤学是基础,同学们要懂得学习贵在勤奋、贵在钻研、贵在有恒,既要敏于求知,又要担当责任,让学习成为一种人生习惯。修德是关键,同学们要立志报效祖国、服务人民,做好小事、管好小节,让德行成为一种人生追求。明辨是核心,同学们要善于思考、善于分析、正确抉择,要树立正确的世界观、人生观、价值观,让明择成为一种人生智慧。笃实是保障,同学们要坚韧不拔、百折不挠,更要做到知行合一,发挥艰苦奋斗的精神,让实干成为一种人生气度。"

在动员大会结束后,体育学院立即做出行动,以同学们的行为细节作为重要抓手,以班级为单位,提出四个"一",分别是:一次理论学习,集中学习习近平新时代中国特色社会主义思想;一次问题查摆,重点树立问题意识,主动查找班级和个人在日常学习、品德修养、文明守纪、生活习惯等中存在的问题,加强早操、课堂、图书馆、食堂、宿舍和校园中的行为督导,养成良好的习惯;一次团日活动,活动紧紧围绕本次主题教育月活动主题"勤学、修德、明辨、笃实",开展结合学生特点、集思想性与艺术性于一体的校园文化活动,重点在于实践养成,让同学们在参与活动中学习新思想、建构新品德、规范新行为;推荐一名先进典型,评选在勤学、修德、明辨、笃实四个方面具有榜样作用的优秀同学,以点带面,形成良好氛围。同学们,你们行动起来了吗?你们按照勤学、修德、明辨、笃实严格要求自己了吗?

上周六下午,我们召开了师生联合党支部的组织生活会,每一位党员都根据自己的实际表现进行了批评和自我批评。大四的党员提到了精神松懈的问题,认为找到了满意工作后,可以放松对自己的要求,于是在宿舍卫生、个人习惯等方面做得不尽如人意。大三的党员提到了低效学习的情况,以完成表面任务为重点,没有深刻意识到自己的责任和担当。组织生活会的氛围很严肃,大家都在努力反思自己的各种不足,但是晓耿老师想说,反思只是改变行为的开始,关键在行动,勤学、修德、明辨、笃实都必须落在实际行为中,不能仅仅停留在思考中或者口号中,出了会议室就忘记得一干二净。对于我们普通同学更是如此,学会自省,学会自律,勤于反思,重在行动,这才是真正的目的。

作为师范班 1602 班班主任的祖晶老师前几天告诉我,她想在 2016 级师范班中寻找省师范生技能大赛候选人,并借此机会让更多同学参与到省师范生技能大赛训练中,目的是让更多同学学到扎实的基本功技能。在班会上,我告诉同学们,无论你以前有多不好,但态度很重要,只要你认识到了,并且积极进取,愿意付出努力,全心全意,谦虚请教,你依然还有机会突破自我,关键是要在勤学、修德、明辨、笃实上下功夫。

大学生社会主义核心价值观培育的初步思考

2014年五四青年节，习近平总书记在北京大学师生座谈会上指出，广大青年树立和培育社会主义核心价值观要在勤学、修德、明辨、笃实上下功夫。2019年，习近平总书记在纪念五四运动100周年大会上讲到："青年要保持初生牛犊不怕虎、越是艰险越向前的刚健勇毅，勇立时代潮头，争做时代先锋。"

小李同学，男，大三学生，家庭经济困难，有着良好的学习习惯和积极进取的精神，成绩名列前茅，多次获得奖学金，顺利考取高级教师资格证后精神开始松懈，认为接下来的课程完全可以轻松驾驭，为了减轻家庭负担，开始在外做兼职。体育学院把"五查四会"作为辅导员常规工作后，在某个周一上午，发现小李旷课，经辅导员调查，小李在学校附近的小学代课。小李虽然知道逃课不对，但总存在"不被发现"的侥幸心理，认为在外做兼职也是锻炼技能的方式，而且还能赚到钱。

经过对班委和宿舍同学的调查，小李同学确实存在旷课行为，但次数不多，主要是在课程较多的星期一。在约谈中，小李认识到了旷课的严重性，但他告诉我他现在有两个身份让他感到矛盾，在小学上课时是一名体育教师，教师不应该随便请假耽误学生上课，但在大学上课时，自己又是一名学生，在遇到自认为不重要的课程时存在侥幸心理，还认为老师没有我这个学生，课还能继续，但孩子们没有我这个老师，课就没法进行了，权衡一下，还是选择了旷课。小李同学梦想成为一名优秀的体育教师，计划大四考教师编制。

我发现小李的最大问题在于没有理清问题的主要矛盾和次要矛盾，所以需要帮助他认识到这一点。摆在小李面前的矛盾有两个:第一,在校学习的矛盾;第二,在外兼职的矛盾。小李虽然已经认识到了这个问题,但没有分清主次,以小李的实际行为来看,他把在外兼职作为主要矛盾来处理了。

小李有梦想,但没有做到细化梦想,小李需要把梦想分为若干小目标,一步一个台阶,并在每一阶段做好计划,这样就形成了实现梦想的道路,不会有"梦想太遥远可以再等等"的想法。在制订计划的同时,小李可以学习身边的榜样,与成功的学长学姐和勤学好问的同学交流,增长经验,提高学习效率,主动辨别外来诱惑,并摒弃不良影响,端正学习态度,认真思考教师素养,严格按照要求规范自己的言行,努力把自己看作一名未来的优秀教师来培养自己,无论在教师基本功训练上还是在教师道德修养上,潜心打磨,积极进取。

毛泽东曾说:"青年是整个社会力量中的一部分最积极最有生气的力量。"青年学生想什么、怎么想,对社会的正确认知和价值取向,直接影响国家的未来,直接关乎民族的希望。培育和践行社会主义核心价值观,发挥每位大学生的积极性、主动性,就必须研究每位学生的特殊性。对学生来说,只有最适合的教育方式和方法才具有吸引力。作为辅导员,我们要积极探索符合大学生思想特点和成长规律的方式方法,将社会主义核心价值观之"魂"注入高校思想政治教育工作中,充分发挥青年学子的主体作用,让大学生成为培育和践行社会主义核心价值观的生力军。

(一)贴近学生的思想实际

青年大学生有着共同的思想动态,也会由于年级、专业、经历、生源地等不同有着不一样的想法和观念,以至于影响学生个人的言行举止和生活习惯。我们要敏锐把握大学生的思想脉搏,善于捕捉学生的思想细节,耐心解答大学生的思想困惑,这样才能提升学生的思想境界,让社会主义核心价值观的宣传教育和培育践行真正深入心里,真正引领大学生思想进步。

(二)贴近学生的认知特点

在语言风格上,多用简明易懂、形象生动的话语,多用大学生听得惯、听得懂、听得进的话语,使社会主义核心价值观的宣传教育既简单质朴又富有亲和力;在传播手段上,用具体平实的方式来解读社会主义核心价值观的深刻内涵,用学生身边事例来诠释社会主义核心价值观的精神实质,用鲜活生动的形象来展现社会主义核心价值观的内在要求,使社会主义核心价值观的宣传教育清新鲜活、富有感染力;在宣传载体上,顺应大学生传播和接受信息习惯的新变化,占领网络思想政治教育新阵地,丰富社会主义核心价值观宣传教育新载体,使社会主义核心价值观更富有生命力。

（三）发挥高校教师和辅导员的作用

高校作为知识、思想、道德、价值的聚集地,各种思想相互碰撞、融合,新文化、新思想层出不穷。因此,高校在社会主义核心价值观的培育和弘扬中占据着特殊地位,发挥着引领和示范作用。首先,高校教师和辅导员要做好榜样作用,坚持学为人师、行为世范、爱岗敬业、严谨笃学、淡泊名利、自尊自律,不断加强师德修养,自觉抵制学术不端、情趣低俗等不良风气,无论在科学研究还是教学实践中,努力成为学生思想言行的表率。其次,高校教师和辅导员必须坚持育人为本、德育为先,将社会主义核心价值观融入大学生思想政治教育全过程,以社会主义核心价值观进教材、进课程、进学生头脑为重要抓手,以课堂教学、校园文化、社会实践、日常管理为重要载体,推动社会主义核心价值观转化为大学生应当践行的道德标准、应当遵循的价值准则和应当追求的理想信念,用社会主义核心价值观引领大学生健康成长。

（四）引导学生自我教育

在教育中,我们要以尊重学生主体地位、培养学生主体意识为前提,以发展学生主体能力、塑造学生主体人格为目标,培育和凝练当代大学生的核心价值观,引导大学生在日常生活的细节中感知意义、体验崇高、增进认同。重点发挥学生党员骨干先锋模范作用,在学生中树立一批践行社会主义核心价值观的模范和榜样,充分利用"先进班集体""周恩来班""先进个人"等评优活动,使大学生见贤思齐、学有榜样、行有示范,营造崇尚先进、学习先进、争当先进、赶超先进的良好氛围,在创先争优中深化社会主义核心价值观的内在意义。

让青春融入中国梦、支撑中国梦,让中国梦有青春的绚丽色彩,这样的中国特色社会主义现代化的未来才更有活力、更有魅力,每一位将社会主义核心价值观内化于心、外化于行的大学生也终将会成为实现中国梦的坚实基础和强大力量。

后　记

2014年年底,我成为淮阴师范学院体育学院一名兼职辅导员,这样算起来,我已经工作5年了。刚工作时我满腔热血,每天似乎打满了鸡血,我告诉自己,必须从零做起,必须亲自了解工作中的每一个细节。2015年研究生毕业,我成为淮阴师范学院一名正式辅导员。时间过得好快,现在我已成为妻子和母亲,很多学生也已经走上工作岗位,还有的已经步入婚姻的殿堂组建了家庭。

2017年春天,我开始尝试写周记,把一周的工作经验和工作感悟写成网络文章,我想成为同学们成长的伙伴,无论迷茫、失败,还是激动,都能让他们感受到我始终陪伴着他们。为了深入了解学生,我考取了国家三级心理咨询师,开始尝试从专业角度分析学生的内心变化,了解他们、理解他们、引导他们。

随着工作经验的积累,我开始研究思想政治教育理论,努力发表文章、申请课题,努力站在更高层次上看待辅导员工作。从经验到理论,再从理论到实践,让我逐渐学会了如何将工作经验理论化、系统化,也让我更加明确了辅导员工作的重要意义,这是一个成长性的跨越。

感谢同学们的支持和鼓励,因为你们,我的激情永不会褪去,我的信念更加坚定,我的奋斗更有动力,这是幸福的象征,也是快乐的源泉。

感谢淮阴师范学院各级领导的关心和支持,尤其感谢体育学院学生工作的领导、老师,每一篇文章都有你们的指导和帮助,遇到你们是我的幸运。

此外,感谢我的导师,感谢我的家人和亲友。

遇到你们,真好!